간양록

조선 선비 왜국
포로가 되다

간양록
조선 선비 왜국 포로가 되다

강항 씀
김찬순 옮김

보리

겨레고전문학선집을 펴내며

우리 겨레가 갈라진 지 반백년이 넘어서고 있습니다. 그러나 함께 산 세월은 수천, 수만 년입니다. 겨레가 다시 함께 살 그날을 위해, 우리가 함께 한 세월을 기억해야 합니다.

예부터 우리 겨레가 즐겨 온 노래와 시, 일기, 문집 들은 지난 삶의 알맹이들이 잘 갈무리된 보물단지입니다.

그동안 남과 북 양쪽에서 고전 문학을 되살리려고 줄곧 애써 왔으나, 이제껏 북녘 성과들은 남녘에서 좀처럼 보기 어려웠습니다.

북녘에서는 오래 전부터 우리 고전에 깊은 관심과 사랑을 보여 왔고 연구와 출판도 활발히 해 오고 있습니다. 그 가운데 〈조선고전문학선집〉은 북녘이 이루어 놓은 학문 연구와 출판의 큰 성과입니다. 〈조선고전문학선집〉은 가요, 가사, 한시, 패설, 소설, 기행문, 민간극, 개인 문집 들을 100권으로 묶어 내어, 고전을 연구하는 사람들과 일반 대중 모두 보게 한 뜻깊은 책들입니다. 한문으로 된 원문을 현대문으로 옮기거나 옛글을 오늘의 것으로 바꾼 성과도 놀랍고 작품을 고른 눈도 참 좋습니다. 〈조선고전문학선집〉은 남녘에도 잘 알려진 홍기문, 리상호, 김하명, 김찬순, 오희복, 김상훈, 권택무 같은 뛰어난 학자분들이 머리를 맞대고 연구한 성과를 1983년부터 펴내기 시작하여 지금도 이어 가고 있습니다.

보리 출판사는, 조선민주주의인민공화국 문예 출판사가 펴낸 〈조선고전문학선집〉을 〈겨레고전문학선집〉이란 이름으로 다시 펴내면서, 북녘 학자와 편집진의 뜻을 존중하여 크게 고치지 않고 그대로 내는 것을 원칙으로 삼았습니다. 다만, 남과 북의 표기법이 얼마쯤 차이가 있어 남녘 사람들이 읽기 쉽게 조금씩 손질했습니다.

이 선집이, 겨레가 하나 되는 밑거름이 되고, 우리 후손들이 민족 문화유산의 알맹이인 고전 문학이 지니고 있는 아름다움을 제대로 맛보고 이어받는 징검다리가 되기 바랍니다. 아울러 남과 북의 학자들이 자유롭게 오고 가면서 남북 학문 공동체가 이루어지는 날이 하루라도 앞당겨지기 바랍니다. 그리고 이 자리를 빌려 어려운 처지에서도 이 선집을 펴내 왔고 지금도 그 작업에 몰두하고 있는 북녘의 학자와 출판 관계자들에게 고마운 마음을 전합니다.

2004년 11월 15일
보리 출판사 대표 정낙묵

차례

간양록 조선 선비 왜국 포로가 되다

• 겨레고전문학선집을 펴내며   4

치욕의 세월 – 내가 겪은 정유재란〔涉亂事迹〕 9

적국에서 올린 상소〔賊中封疏〕 37

삼가 주상 전하께   39
왜국의 지리와 군제   47
방비를 위해 드리는 충언   59
왜국의 정세 변화와 동향   70
풍신수길의 죽음   76

내가 듣고 본 적국 일본〔賊中聞見錄〕 85

왜국의 관직 제도   87
왜국 8도 66주   91
임진년과 정유년에 쳐들어온 왜장들   124

풍신수길은 어떤 자인가 134
풍신수길이 죽은 뒤의 왜국 정세 146
조선으로 돌아가다 157

고국에 돌아와 임금께 올린 글〔詣承政院啓辭〕 161

- 《간양록》을 펴내는 뜻 - 윤순거 179
- 강항 연보 187
- 간양록에 대하여 - 문예출판사 편집부 190

원문 차례

涉亂事述 193

賊中封疏 201

賊中聞見錄 214

詣承政院啓辭 234

跋文 238

• 일러두기

1. 《간양록, 조선 선비 왜국 포로가 되다》는 북의 문예출판사에서 1990년에 펴낸 《기행문집2》에서 강항이 쓴 〈간양록看羊錄〉을 보리 출판사가 다시 펴내는 것이다.
   문예출판사가 본래의 〈간양록〉에서 글을 덜어 내고 글 순서도 바꾸었으며, 보리 출판사에서 편집하면서 부를 가르고 제목을 달아 주었다.

2. 옮긴이와 북 문예출판사 편집진의 뜻을 존중하는 것을 큰 원칙으로 했으나, 한자와 옛날 말투들은 지금 독자들이 알아듣기 쉽도록 풀어 썼다.
   예 : 경성→서울, 왜치다→외치다, 어별→바닷고기

3. 맞춤법과 띄어쓰기는 '한글 맞춤법'을 따랐다.
   ㄱ. 한자어들은 두음법칙을 적용했고, 모음과 ㄴ받침 뒤에 오는 한자 '렬'은 '열'로 '률'은 '율'로 고쳤다. 단모음으로 적은 '계'나 '폐'자를 '한글 맞춤법'대로 했다.
      예 : 롱락하다→농락하다, 뢰물→뇌물, 규률→규율, 사분오렬→사분오열, 페단→폐단
   ㄴ. 'ㅣ'모음동화, 사이시옷, 된소리 따위의 표기도 '한글 맞춤법'대로 했다.
      예 : 드디여→드디어, 뵈이려 하다→보이려 하다, 있을가→있을까, 해빛→햇빛

4. 남에서는 흔히 쓰지 않는 표현이지만, 북에서 흔히 쓰는 입말들은 다 살려 두어 우리말의 풍부한 모습을 살필 수 있게 했다.
   예 : 갈마들다, 다금다금, 다우치다, 쓸어들다, 안받침하다, (산이) 에둘리다

5. 지은이가 달아 놓은 주석은 '■' 한 가지로 표시했고, 문예출판사가 달아 놓은 주석은 번호 순서를 주었다.

치욕의 세월
― 내가 겪은 정유재란
〔涉亂事迹〕

만 리 절역에서 고국 사람 만나니
마음 먼저 서글퍼 연유 차마 못 묻네.
북해에서 삼 년 고절 이내 몸 부끄럽고
팔척장신 포로의 몸 그대가 가엾어라.

치욕의 세월
— 내가 겪은 정유재란

  선조 정유년(1597) 2월 8일 나는 형조 좌랑으로 휴가를 받아 영광의 유봉流峯에서 부모님과 함께 있던 중이었다.

  5월 17일 중국군 부총병 양원楊元은 서울에서 중국 군대 3천 명을 이끌고 남원에 내려왔으며 참판 이광정李光庭은 분호조[1]의 사명을 받고 전라도에 군량을 조달케 되어 조정에 낭관 배치를 요청하였다. 그리하여 조정에서는 당시 합천의 삼가三嘉에 있던 예조 좌랑 윤선尹銑과 휴가 중이던 나를 거기에 배치하였다. 나는 오월 그믐날 급히 각지에 격서를 띄우고 부임하니 이 참판은 나에게 남원에서 군량 공급을 관리하면서 운반을 감독하게 하였다.

  그러다가 칠월 그믐께 통제사 원균元均이 한산도에서 패전하여 한산을 잃었고 팔월 보름께는 왜적의 창끝이 벌써 남원을 침범하였다. 적에게 포위 공격을 받은 지 사흘 만에 부총병 양원은 포위를 뚫고 북으로 도망쳤으며 남원성은 끝내 무너지고 말았다.

---

[1] 분호조分戶曹는 비상시에 호조의 일을 분담하는 임시 행정 부서.

나는 이 참판의 막하로 활동하다가 하루아침에 참판의 행방을 모르게 되었다. 그를 찾기 위하여 함평에서 하루 밤낮을 달려 순창으로 갔더니 참판은 이미 북으로 올라갔다고 하였다. 그리하여 본군으로 다시 돌아와서 전 군수 순찰사 종사관 김상준金尙寯과 함께 각 고을에 격서를 띄워 의병을 불러 모았더니 이에 호응하여 모여든 사람이 수백 명이었다. 그러나 적병이 이미 갈재(蘆嶺)를 넘었으니 해안 근방에는 한 치의 땅도 적에게 유린되지 않은 데가 없고, 훈련 안 된 의병들이라 금세 흩어지고 말았다. 김 공도 성에서 나와 북으로 가고 나도 할 수 없이 성에서 나와 집으로 돌아왔다. 그래서 늙은 아버지를 모시고 식솔을 데리고 논잠포論岑浦로 건너가려던 중 새로 부임한 순찰사 황신黃愼이 나를 종사관으로 불렀다. 육로는 벌써 길이 막혀 가지 못하였다.

식솔들을 이끌고 피난길에

9월 14일, 적은 이미 영광군을 불 지르고 산과 바다를 샅샅이 뒤져 사람들을 마구 찔러 죽였다. 나는 밤 이경(오후 열 시쯤)에 배를 탔는데 우리 아버지는 본래 멀미가 심해서 작은 배는 까불거려 더 곤란하시리라 싶어 작은아버지 배에 옮겨 타시게 하였더니 좁아서 사촌 형제들은 그 배에 탈 수 없었다. 그래서 어쩔 수 없이 두 형수와 맏형수, 처조부, 장인, 장모, 내 처가 탄 배에 함께 타게 하였으며 또 매부의 아버지인 심안평沈安枰 일가도 갈 곳 없는 막다른 형편이라 역시 같이 타게 하였으니, 배는 작고 사람은 많아 몹시 더디게 나아갔다.

15일에는 두 배가 다 묘두猫頭에 가서 묵었는데 모여든 피난선이 수백 척이나 되었다.

16일에도 그냥 묘두에서 묵었고, 17일에는 비로초飛露草에 가서 잤으며, 18일에는 사촌 형 강협姜浹이 선전관으로서 표신2)을 가지고 내려와서 새로 임명된 통제사 이순신李舜臣에게 주고 우수영右水營에서 우리가 있는 곳으로 달려왔다.

20일에 처음으로 들리는 소문은 왜군 함대 천여 척이 이미 우수영에 이르렀는데 통제사는 적은 수로 그에 맞서지 못하므로 전략상 해안을 따라 서쪽으로 이동했다고 하였다. 그래서 나는 부형 여러 분과 더불어 어데로 갈 것인가를 상의하였는데 배를 버리고 육지로 오르자고도 하고 흑산도로 들어가자고도 하였다. 나와 사촌 형 홍洪과 협은,

"두 배에 장정이 모두 마흔 명쯤이나 되니 통제사를 따라가야 한다. 싸움에서 후퇴하여 설사 이기지 못하더라도 나라를 위하여 죽는 것이 마땅한 일 아닌가!"

하고 힘껏 말하여 드디어 의견 일치를 보았다. 이 말을 가만히 듣고 있던 사공 문기文己라는 자는 아이들 넷이 모두 어의도於矣島에 있으므로 그들을 데려오려고 21일 밤중 우리 형제가 잠든 틈을 타서 바람세 따라 배를 풀었다. 이리하여 눈 깜짝할 사이에 아버지가 타신 배와 서로 멀어졌다. 배가 진월도珍月島에 이르러 통제사의 배 10여 척이 이미 각씨도各氏島를 지났다 하기에 사공을 꾸짖어 빨리 배

---

2) 표신標信은 대궐이나 군문을 출입할 때 가지는 증표인데, 여기서는 통제사에게 주는 표신을 말한 것 같다.

를 돌려 서쪽으로 올라가자 하였으나 북풍이 매우 세차 배가 올라가지 못하였다. 적의 기세는 이미 눈앞에 닥쳤는데 부자가 서로 잃었으니 이 절박한 길에서 믿을 것은 다만 사공뿐이라 그의 죄를 따질 수도 없었다.

22일에 아버지가 타신 배가 염소鹽所로 돌아가더라는 잘못된 전갈을 듣고 염소의 당두唐頭로 갔더니 아무도 없었다. 심안평 일가는 배가 좁다 하여 내렸고 내가 믿고 아끼던 사내종 만춘萬春은 물을 길어 오겠다는 핑계로 배에서 내려 달아나 버렸다.

왜적에게 잡히다

23일 대낮에 당두에서 또다시 논잠포로 향하였으니 아버지께서 행여나 논잠포에 계신가 해서였다. 바로 이때 안개 속에서 괴이한 배 한 척이 문득 나타나 쏜살같이 달려오니 사공이 놀라 왜선이라고 외쳤다. 나는 순간 포로가 될 위기를 벗어날 길이 없다고 생각해 이내 옷을 벗고 물속에 몸을 던졌다. 처자 형제 등 배의 남녀 태반이 나를 따라 함께 물에 떨어졌다.

그러나 물가라 물이 얕아 적이 모두 건져 내어 배에 눕히고 꽁꽁 동여 세웠다. 외사촌 아우인 김주천金柱天 형제와 노비 여남은 명만이 언덕으로 기어올라 달아났다. 돌아가신 어머니와 형님의 신주를 둘째 형이 등에 업고 물속에 뛰어들었다가 적이 건져 낼 때 그만 건사치 못하였다. 살아 계시던 아버지를 잃고, 돌아가신 분들의 신주마저 잃어 사람의 도리조차 한번에 잃고 말았구나!

어찌 그뿐이랴, 내 어린 자식 용龍과 첩의 딸 애생愛生을 해변 모래판에 떼어 두었더니 밀려드는 조수에 "으악, 으악, 캭, 캭." 기막힌 울음소리 들려오다가 그만 파도에 삼켜지고 말았다. 용은 내 나이 서른에 비로소 낳은 아이다. 임신 중 꿈에 새끼 용이 물속에 떠 있는 것을 보았기에 용이라고 이름을 지었더니, 물속에서 죽을 줄이야 누가 생각했으랴!

왜적은 내가 탄 배를 자기네 배꼬리에 달고 바람 따라 남으로 내려가니 배가 살 닫듯 하였다.

24일에 무안현務安縣의 한 바다굽이에 이르니 낙두落頭라고 한다. 적의 배 수천 척이 항구에 들어차 붉고 흰 기가 햇빛에 나부끼고 있다. 배 안에는 우리 나라 남녀가 태반이나 되고 바닷가에는 시체가 너저분히 쌓였다. 울음소리 하늘에 사무치고 물결 소리 또한 목메어 운다. 이 판국에 목숨은 무엇이며 죽음은 또 무슨 죄인고! 나는 평생 겁쟁이였지만 이때만은 도무지 살고 싶지 않았다.

배가 중류에 떴을 때 왜적 한 놈이 통역을 시켜,

"수군 대장(이순신)이 지금 어데 있는가?"

하고 물었다. 그래서 내가,

"태안의 안행량安行梁은 예전에는 난행량難行梁이라고 하여 해마다 배가 내려오다가는 표류하거나 파선하므로 가기 어려운 곳이다. 지금은 이름을 안행량이라고 좋게 고쳐 행여나 무사하기를 바라는 것이니, 여기는 수로로서 참으로 천연의 요새다. 그러므로 중국에서 지원하러 나온 명장 명名, 고顧 두 유격은 전함 만여 척을 거느리고 안행량의 위아래를 가로질러 벌써 유격선이 군산포에 닿았으며 우리 통제사는 또 전략상 후퇴하여 중국 군대와 합세하였다."

하였더니, 적의 무리는 서로 돌아보며 사기가 떨어졌다. 나는 넌지시 통역에게,

"우리를 잡은 자가 누구인가?"

물으니, 이예주수伊豫州守 좌도佐渡의 부하 신칠랑信七郞이라는 자라고 하였다.

밤 이경(오후 열 시)쯤 되었을 때 장인은 몰래 묶인 것을 풀고 옷을 벗고 바다에 뛰어들었다. 왜적들이 이를 알고 왁자지껄하더니 이내 건져 내었다. 이 때문에 우리 모두를 더욱 단단히 묶어 동인 줄이 살에 들이박히니 손과 잔등이 모두 터져 결국 헐었다.■

나는 통역에게 물었다.

"적은 왜 우리를 죽이지 않는가?"

통역이 대답하였다.

"당신들은 사모를 쓰고 좋은 옷을 입었으므로 관원이라 판단하여 동인 채 일본에 보내려는 것이오. 그래서 경계가 아주 엄하오."

왜적은 모든 오랑캐 중에서도 몹쓸 종자로 우리 나라 사람에게는 극악한 원수다. 적의 손에 잡혀 잠시라도 사는 것이 만 번 죽음만 같지 못하거늘 몸이 묶여 죽을 자유도 없구나!

사흘이 지나서 적은 통역을 데리고 오더니 누가 정실 부인이냐고 물어 부인들이 스스로 나서기를 기다려서 왜놈이 탄 배에 오르게 하고 또 우리 형제를 옮겨 한 배에 태우고는,

"너희는 다 죽일 터이다."

하였다. 그러고는 또 처조부와 맏형수와 여종 여남은 명 그리고 장

■ 그뒤 삼 년이 지나서도 허리를 펴고 굽히지 못하겠고 바른손은 아직 헌데가 남아 있다.

인의 서모가 낳은 누이 등을 딴 배에 갈라 싣기도 하고 정말 죽이기도 하였다.

아아, 애달픈 일이어라! 형님이 돌아가시던 날,

"네가 세상에 살아 있으니 내 처는 믿을 데가 있구나!"

하고 종이에 써서 내게 보이던 일이 어제 같거늘 갑자기 이리 될 줄이야 뉘라서 알았으랴! 지금까지 살아 있어 가신 형님을 생각하며 설움을 금치 못하는 나 역시 한 가닥 목숨이 어느 때 꺼질는지 알 수 없구나. 노비 중에 나를 버리고 달아난 자는 모두 살았건만 주인을 못 잊어 차마 가지 못한 자는 적에게 모조리 살해되다니, 어어, 불쌍하여라!

얼마 뒤 왜선들은 죄다 이곳을 떠나 남으로 내려갔다. 영산창榮山倉, 우수영을 지나 순천 왜교倭橋에 이르니 성 쌓는 설비를 이미 갖추고 해안에 성을 높이 쌓고 있는데 여러 배들을 모두 해안에 댔으나 오직 포로를 태운 배 백여 척은 다 바다에 머물게 하였다. 포로가 되어 여기 이르기까지 무릇 아흐레 동안 아무것도 입에 넣지 못하였건만 그래도 죽지 않으니 과연 사람의 목숨이 이처럼 질긴 것인가.

뒤에 온 남녀들 태반이 내 친구네 식솔들이다. 그들한테 양우상梁宇翔의 온 집안이 다 죽었단 말을 들었다.

이날에야 왜녀가 밥 한 그릇씩 나누어 주는데 뉘투성이 쌀에 모래가 절반으로 비린내가 코를 찔렀다. 그러나 사람들은 기갈이 심하여 그것을 먹었다.

밤중이 되어 곁 배에서 어떤 여자가 울다 말고 노래를 부르는데 그 소리가 처절하였다. 온 집안이 몰락한 이래 두 눈의 눈물마저 말랐건만 이 밤에는 눈물이 하염없이 흘러 소매를 온통 적시었다. 그래서 나는 시 한 수를 읊었다.

삼경 달빛 유난히 밝아 가뜩이나 심란한데
그 누가 왜 애절히도 죽지사[3] 부르나.
이웃 배 뉘 아니 눈물 흘리리
그중에도 내 옷소매 더욱 젖었네.

何處竹枝詞　三更月白時
隣船皆下淚　最濕楚臣衣

이튿날 왜선 한 척이 스쳐 지나가는데 거기서 어떤 여자가 급히 "영광 사람! 영광 사람!" 하고 부르는 것이었다. 내 둘째 형수가 일어나 물어보니 그는 애생의 어미였다. 배가 갈린 뒤 이미 죽었으리라고 생각하였는데 여기 와서 비로소 살아 있음을 안 것이다. 가지가지 애달픈 그의 하소연은 차마 들을 수 없었다. 나중에 들으니 애생의 어미는 밤마다 설움이 터져 통곡하곤 하여 왜놈의 매를 맞으면서도 참지 못하더니만 끝내는 먹지 않아 죽었다고 한다. 나는 시 한 수를 썼다.

창해 만 리 아득해라
달 또한 희끄무레 바다에 잠기려네.
내 눈물 방울방울 이슬같이
옷섶을 자꾸만 적시는구나.

---

[3] 죽지사竹枝詞는 곡이름인데 여기서는 애달픈 노래를 가리킨다.

물은 출렁거리네 지척을 사이로
애절한 상사일념 속절없네.
반짝이는 견우직녀 그는 아오리
이 밤 이 마음을.

滄海茫茫月欲沈　淚如涼露濕羅襟
盈盈一水相思恨　牛女應知此夜心

둘째 형의 아들 가련可憐은 겨우 여덟 살인데 목이 몹시 타서 짠물을 마신 까닭으로 구토 설사를 하다가 병이 나서 누워 있었는데 왜놈이 별안간 달려들어 바다에 내던졌다. 아버지를 부르는 소리가 오래오래 끊이지 않았다. 아아, 기막혀라!
"아이야, 아이야, 아비도 바랄 수가 없느니라!"
한 것이 과연 이를 두고 말한 것인가.
　며칠 뒤였다. 장인과 두 형이 조그마한 배 하나를 끌어내 가지고 도망가려다 왜놈에게 발각되었다. 저들은 이 일을 좌도에게 보고하였다. 그리하여 그날 저녁으로 우리 일가를 큰 배 하나에 몰아 실었다. 또 다른 배에서 옮겨 온 선비 집안 여자 아홉 사람이 있었는데 그중에는 홍군옥(洪群玉, 홍천경洪千璟)의 딸도 섞여 있어서 서로들 지난날을 이야기하면서 울었다. 장인의 이복 누이 우영羽英은 올해 열세 살로 얼굴이 고운데 다른 배에 갈린 뒤부터 생사를 몰랐더니 그도 또한 왔다. 처조부와 여러 여종들이 다 죽었다는 것을 비로소 그에게서 들었다.

왜국에 끌려가다

배는 떠났다. 해는 이미 석양이었다. 그날 밤 안골포安骨浦에 가서 자고 이튿날 떠나 남으로 동으로 망망한 바다를 횡단하면서 온종일 가고 또 밤을 이어 가더니 문득 멀리 닭 우는 소리가 들리며 새벽안개 속으로 가로놓인 큰 육지가 보였다. 이는 곧 대마도(對馬島, 쓰시마)였다. 당도하니 우선 가옥 제도도 다르고 의복 범절이 다 괴이하여 비로소 딴 세계에 온 줄을 알았다. 아들을 낳으면 뽕나무 활에 쑥대 화살로 하늘과 땅과 사방을 쏜다건만[4] 이 몸이 이렇게 왜국에 오게 될 줄이야 어찌 뜻하였으랴!

바람과 비 때문에 이틀을 묵은 다음 또 큰 바다를 건너 육지에 다다르니, 여기가 일기도(壹岐島, 이키시마)였다. 이튿날 또 바다를 건너 장산長山의 큰 관시官市에 이르니 여기는 곧 장문주長門州의 하관下關이며, 이튿날 또 바다를 건너 해안선을 따라가다가 또 다른 큰 관시에 이르니 여기는 곧 주방주周防州의 상관上關이다. 바다와 산들은 붓으로 그린 듯, 밀감나무 숲들은 곳곳이 아름다운 풍경을 이루고 있는데 이게 모두 아귀의 소굴인 것이 참으로 슬프다.

이튿날은 또 바다를 건너 이예주의 장기(長崎, 나가사키)에 도착하였다. 여기서는 배에서 내려 육지로 갔다. 너무도 주리고 지쳐서 열 걸음에 아홉 번은 쓰러지곤 하였다. 여섯 살 난 어린 딸은 제 발로 걸을 수 없어 처와 장모가 번갈아 업고 냇물을 건너가다가 물 가운데 쓰러져서는 기운이 없어 일어나지 못한다. 언덕 위에서 이를 본

---

4) 옛날 풍속인데 사방으로 다니며 일하라는 것을 뜻한다.

어떤 왜인 하나가 눈물을 흘리며 달려와서 부축하더니,

"심하여라, 대합大閤이여! 이 사람들을 잡아다가 무엇에 쓰려는고. 어찌 하늘이 무심하랴!"

탄식하고는 급히 자기 집으로 달려가서 서속밥과 차를 가져와 우리를 먹이니, 비로소 귀가 들리고 눈이 보였다. 왜인도 이런 어진 품성을 가진 사람이 있지 않은가. 왜의 기풍이 죽기를 피하지 않고 죽이기를 좋아하는 것은 다만 악법이 강요하기 때문이다. 왜놈들은 풍신수길(豐臣秀吉, 도요토미 히데요시)을 대합이라고 하기 때문에 이 사람도 대합이라고 부른 것이다.

10리쯤 걸어 이예주 대진성(大津城, 오쓰 성)에 가서 우리를 머물도록 하였다. 나는 두 형님과 장인의 식솔들과 한집에 있되 다른 방에 거처하였다. 적은 왜졸 한 명과 왜녀 한 명을 시켜 아침저녁으로 밥과 국 한 그릇, 물고기 한 마리씩 주었다. 만 리 절역 오랑캐 땅에서도 형제가 같이 있게 된 것만은 큰 다행이 아닐 수 없었다.

어느덧 동짓날이 되었다. 감개와 울분을 더욱 금치 못하여 시를 읊어 회포를 풀었다.

오랑캐 땅에서 새해를 맞이하다

무술년(1598) 새해가 되었다. 폭죽을 터뜨려 악귀를 쫓는다, 등불을 켜고 밤을 샌다 하여 여기의 풍습도 《형초세시기荊楚歲時記》에 쓰여 있는 바와 비슷하지만 다만 사람들이 사람의 얼굴을 쓰고 야수의 마음을 가진 것이 한스러울 뿐이다. 명절을 맞으니 더욱 서글퍼 머리를 돌려 임금과 어버이를 생각하니, 놀란 파도 미쳐 뛰는 망망 바다가 가로막는구나!

머지않아 화창한 봄이 되어 온갖 초목과 모든 새 짐승, 가지각색 생물들이 다 스스로 한세상 즐기련만 우리는 모두 눈물 젖은 눈으로 서로 볼 뿐이 아니겠는가. 조상의 유골을 모신 묘지도 싸움의 불길이 휩쓸고 있으니 뉘라서 보리밥 한술인들 묘 앞에 올리랴! 보이는 것 모두가 가슴을 찌르고, 들리는 것 모두가 창자를 끊으니 꽃 피는 삼월이건 달 밝은 구월이건 다만 설움을 자아낼 뿐 아니겠는가.

정월 초닷새에는 작은형의 딸 예원禮媛이 병으로 죽고 초아흐레에는 둘째 형의 아들 가희可喜가 병으로 죽어 형제가 시체를 져다가 물가에 묻었다. 우리 형제의 자녀가 여섯이었는데 바다에서 셋이 죽고 왜땅에서 둘이 죽어, 남은 것은 어린 딸 하나뿐이니 정히 한유가,

  죄 없는 널 죽였구나 모두가 내 죄여라
  백 년 두고 통분해 눈물 언제 마르리.
  致汝無辜惟我罪　百年憋痛淚闌干

한 것이 바로 이것이다. 애닲고 설움이 몹시 크니 도리어 너희가 죽어 모르는 것이 부럽구나!

정월 그믐께 중국의 원병이 대거 들어와서 우리 병력과 합세하여 진격해 울산에 있는 왜적은 절반이나 섬멸되고 호남에 산재한 왜적의 소굴도 모두 소탕되고 순천에만 왜적이 남아 있을 뿐이라는 소식을 들었다. 슬픈 마음에 반가운 소식이 어우러져 망연한 회포를 금치 못해 시 한 수를 읊었다.

이월 초닷새 통역한테서 종의지(宗義智, 소 요시토시)의 부하 백여

명이 우리 나라에 귀순한 것을 비롯하여 남은 왜인들도 투항자가 속출한단 말을 듣고 시를 한 수 읊었다.

들자니 적의 서슬 이미 꺾여
적병들 날마다 투항해 온다네.
호남엔 적의 소굴 거의 소탕되었고
영남에만 패잔병 남았을 뿐이라고.

험악한 파도 동해에서 가라앉고
요망한 별들도 북두성에 읍하네.
외로운 신하 원수 땅에서 만 번 죽어
백골이 되더라도 이 기쁨 남으리.

聽說凶鋒折　降書日日聞
湖南空荐食　嶺外只孤軍
鯨浪淸東海　狼星拱北辰
孤臣雖萬死　白骨有餘欣

봄비 올 때 또 시 한 수를 읊었다.

봄비 보슬보슬 한번 지날 때
고국 생각 몇 배나 더하누나.
그 언제 나직한 우리 집 담 밑에
내 손으로 가꾼 꽃 다시 볼거나.

春雨一番過　歸心一倍多

何時短墻下　重見乎栽花

4월 27일은 우리 어머니가 돌아가신 날이다. 예법에는 의복이 준비되지 못했거나 제찬이 깨끗지 못해도 제사하지 못한다고 했거늘 하물며 왜적에게 잡힌 몸으로 감히 제사를 드릴 수 있으랴. 그러나 차마 이날을 그냥 지나갈 수 없어 제찬을 조금 차리고 제사를 드렸다.

탈출할 길을 찾다

금산金山 출석사出石寺라는 절은 이예주에서 남쪽으로 3십 리 되는 곳에 있다. 거기 중이 말하기를 자기는 비전주肥前州 사람으로 젊었을 때 사신을 따라 우리 나라 서울을 구경하였으며 벼슬이 일찍이 탄정彈正까지 이르렀으나 나이가 들어 은퇴하고 절 아래 있는 땅을 차지하여 농민들한테 가을걷이한 것을 받아먹는다고 하였다. 그는 나에게 경의를 표하고 부채를 내놓으며 시를 청하였다. 그래서 시 한 수를 써 주었더니, 그는 시를 보고 서글픈 얼굴로 머리를 끄덕이며 말하였다.

"고국을 그리워하는 공의 마음을 알겠소이다. 그러나 배도 없고 감시를 받고 있으니 실로 딱한 일이구려!"

대진성은 높은 산꼭대기에 있고 산 아래는 깊고 맑은 긴 강이 감돌아 흐르고 있다. 나는 매양 그 빈 성에 올라 서쪽 하늘을 바라보며 실컷 울곤 하는데 울고 나면 속이 좀 후련해져 내려온다.

임진년에 포로가 되어 왜경(경도京都, 교토)에 잡혀 있다가 도망하여 이예주에 와 있는 서울 사람이 있어, 그가 날마다 내게 오는데 이런 말을 하였다.

"혹 서로 도와 몰래 빠져나와 고국으로 돌아갈 수 있을까요?"

내가 대답하기를,

"그대가 주선해 주어 고국의 하늘을 다시 볼 수 있다면 나는 마땅히 목숨을 내놓고 그대를 도우리라."

하였더니, 그는 돈도 있고 왜말도 잘하므로 자신 있게 내게 권하였다. 그래서 5월 25일 드디어 밤을 타서 빠져나가 서쪽으로 80리를 가니 두 발이 터져 피가 흘렀다. 낮에는 참대 숲 속에 숨었다가 이튿날 밤 판도현板島縣을 지날 때 성문에 큰 글씨로 글을 써 붙였다.

"너희 일본 군신은 명분 없는 군대를 동원하여 죄 없는 나라를 쳐서 그 나라 선왕의 종묘를 불 지르고 왕릉을 도굴하고 그 나라의 노인과 어린이를 학살하고 그 나라 자제들을 포박하였으며 심지어 개, 돼지, 닭의 새끼와 곤충, 초목에 이르기까지도 그 해독을 면치 못하였다.

인류가 생긴 이래 전쟁의 참화를 일으킨 것이 너희 군신이 저지른 죄상처럼 심한 적은 일찍이 없었다. 그러면서 너희는 해와 달에 제사하여 행운을 구하며 석가모니를 존중하여 복을 빌기를 좋아한다. 그러나 해와 달은 내 두 눈으로 세상의 선한 일, 악한 일을 비춰 보아 이를 너희에게 일러 주고 그에 대한 화와 복을 내리는 것이다. 석가는 내가 보낸 부처로서 인류의 스승이 되어 살상을 금하고 생존 번영을 좋아하는 내 뜻을 널리 펴는 것이다. 둘러 있는 바다 밖까지 모두 내가 덮어 보살피는 바이니 조선 백성 또한 나의 백성이다. 너희는 제 땅이 있으면서도 남의 나라를 침범하고 남김 없이 죽여 없애려 하니 해와 달이 어찌 너희 아첨을 받으며 석가가 어찌 너희 불의를 용납하랴!

　재작년에 너희 서울을 꺼뜨려 사람들과 가축들이 눌려 죽고 빠져 죽었으되 너희는 깨닫지 못하기에, 올해에는 동남 지방에 큰물이 지게 하여 밀과 벼가 큰 흉년이 들었거늘, 그래도 너희는 경계로 삼지 않으니 너희 나라의 어리석음이 어찌 이 지경에 이르렀단 말인가.

　지금 동방을 맡은 부처를 보내어 글로 너희 군신에게 이르노니 너희 군신이 아직까지 깨닫지 못했다면 나는 큰 재앙을 너희 나라에 내릴 것이다. 너희는 조금도 지체하지 말고 깊이 생각할지어다. 나는 두말을 아니한다. 너희는 후회함이 없을지어다."

　왜인들은 원래 귀신을 숭상하므로 음식 먹을 때에도 반드시 해와 달에 제사하며 자나 깨나 항상 염불을 한다. 그래서 우리는 그들의 풍습을 따라 하늘의 명, 부처의 말을 빌려서 그들에게 경고를 주어 조금이라도 깨닫게 하자는 것이었다.

　얼마 지나지 않아 적의 괴수 풍신수길이 6월 초부터 병들어 누워 가을에 가서 죽었으니 이 말이 또한 효험이 없다고 하지 못하게 되었다.

　판도에서 서쪽으로 10리쯤 나와 숲 속에서 쉬고 있는데 나이 예순이 넘어 보이는 늙은 중 하나가 폭포에서 먹을 감고 밥을 지어 태양에 제사하고는 바위 위에 누워 있었다. 통역을 시켜 가만히 그에게 가서 조선으로 돌아갈 뜻을 말하였더니 그 중은 이내 배로 풍후주豊後州까지 건네게 해 줄 것을 허락하였다. 우리는 몹시 기뻐서 중을 따라 내려가는데 통역이 앞서고 중이 그다음에 서고 우리가 좀 뒤떨어져 갈 때 열 걸음도 채 못 가서 갑자기 왜적 하나가 졸병 둘을 이끌고 나타나더니 우리를 보고 도망가는 조선 사람이라고 하며 칼을 들이대었다. 그래서 우리는 적의 칼을 받으려 하였더니 적은 졸병을 시켜 우리를 도로 판도 시문市門 밖에 끌고 갔다. 장대 10여 개에 죽은 사람의 머리가 많이 달려 있으니 곧 인간 살육장이었다. 적은 우리를 그 아래 앉히고 머리를 찍어 죽일 듯한 시늉을 하더니, 다른 놈 하나가 칼을 끌어당기며 말리고 우리를 성안으로 들여보내게 하였다. 시문을 지나갈 때 왜놈 하나가 문 안에서 갑자기 나와서 우리를 끌고 들어가는데, 바로 처음 우리 일가를 잡아 온 신칠랑이다. 그는 차와 술, 국과 밥을 주며 사흘 동안 머물게 하더니 우리를 도로 대진성으로 돌려보냈다.

대판으로 이송되다

6월에 이예주수 좌도가 고성固城에서 군사를 거두어 왜경에 돌아왔는데 그는 자기 부하를 보내어 우리 일가를 왜국의 서경인 대판(大阪, 오사카)으로 이송했다.

또 대판에서 다시 복견성(伏見城, 후시미 성)으로 옮겨 우리를 어떤 빈 집 창고에 모아 넣고는 시촌市村이라는 늙은 왜인에게 감시하게 하였다.

우리 나라 선비로 동래의 김우정金禹鼎, 하동의 강사준姜士俊, 강천추姜天樞, 정창세鄭昌世, 함양의 박여즙朴汝楫, 태안의 전시습全時熠, 무안의 서경춘徐景春 등이 다 포로가 되어 이곳에 와 있으므로 날마다 내게 오는데, 김우정이 이런 이야기를 하였다.

전라 좌병영 우후 이엽李曄은 왜장 가등청정(加藤淸正, 가토 기요

마사)에게 사로잡혔는데 가등청정이 그를 풍신수길에게 보냈다. 풍신수길이 그를 극진히 대우하여 거처와 음식을 제 생활과 같이 해주어 아무런 불편이 없도록 하였다고 한다. 그러나 이엽은 언제나 적의 소굴을 벗어날 계획을 세웠다. 그래서 임진년에 포로로 온 사람과 결탁하여 배를 사서 서쪽으로 탈출하여 적간관(赤間關, 시모노세키)까지 갔는데 뒤쫓아 온 왜병이 달려들자 칼을 뽑아 자결하고 바다에 떨어졌다. 적은 그의 시체를 건져 목을 자르고 또 남은 사람들의 목을 베어 거리에 매달았다.

이엽은 글도 잘하여 배를 타고 떠나려고 할 때 시 한 수를 지었다.

봄이 바야흐로 동쪽으로 오니
원한 또한 바야흐로 길어지고
바람 스스로 서쪽으로 돌아가니
뜻 또한 스스로 바빠지누나.

어버이는 밤 지팡이 잃고
새벽달에 울부짖으며
안해는 낮 촛불 같아서
아침 볕에도 눈물지으리.

전해 온 옛집 마당에는
꽃 아마 지고 있으며
지켜 오던 조상 묘지에는
풀 반드시 거칠었으리.

모두 다 삼한의 당당한 후예로서
어찌타 이역에서 짐승과 섞이랴.
春方東到恨方長　風自西歸意自忙
親失夜笻呼曉月　妻如晝燭哭朝陽
傅承舊院花應落　世守先塋草必荒
盡是三韓侯閥骨　安能異域混牛羊

나는 이 이야기를 듣고 이마에 땀이 나는 줄도 깨닫지 못하였다. 무인 중에 이런 사람이 있었구나! 나는 글을 읽은 사람이 아니던가! 나는 그의 운을 따라 시를 읊었다.

장군의 높은 기개 하늘 함께 장구하리
어찌타 나무라랴 가기가 바빴다고.
의로운 뼈는 즐거이 동해 밑에 잠그고
맑은 절개는 멀리 수양산에 뻗었어라.

장대 끝에 달린 머리 가을비가 씻어 주네
해골 묻힌 흙 위에야 거친 풀 날까 보냐.
만권 서적 읽은 서생 면목이 바이 없네
이태 동안 궁한 신세로 양 치고[5] 있으니.
將軍氣槩與天長　何者翻論此去忙
義骨樂沈東海底　淸風遙接首山陽

---

5) 중국 한나라 때 소무蘇武가 흉노에게 19년간 잡혀 살면서 양을 치던 고사를 인용한 것이다.

竿頭好受秋霖洗　埋土寧敎塞草荒
萬卷書生無面目　兩年窮髮牧羝羊

강사준, 정창세와 하대인河大仁에게 시를 지어 주었다. 그들은 진주의 세 큰 성씨로 당파를 떠나 매우 반갑기 때문이다.

만 리 절역에서 고국 사람 만나니
마음 먼저 서글퍼 연유 차마 못 묻네.
북해[6]에서 삼 년 고절 이내 몸 부끄럽고
팔척장신 포로의 몸 그대가 가엾어라.

서리에도 꺾이잖네 센 풀은 퍼렇고
섣달 매화는 눈 속에도 봄이어라.
술 단지 놓고 눈물 씻으니 도리어 웃음 되네.
치욕 속에서 그대와 정을 나눔 기뻐라.

絶域相逢故國人　傷心不忍問由因
慙吾北海三年節　愛子南冠八尺身
勁草不摧霜後綠　寒梅猶戀臘前春
樽前破涕還成笑　泥露多君德有隣

기묘명현[7]인 대사성 김식金湜의 손자이며 학사 김권金權의 조카

---

6) 소무가 흉노에게 억류되어 있던 곳. 이를 인용하여 자기의 포로 생활을 말하는 것이다.
7) 조선 중종 때 기묘사화로 화를 입은 신하를 이른다.

인 김흥달金興達, 김흥매金興邁 형제는 일찍이 나와 김권 사이에 친분이 있다고 하여 자주 찾아오며 또 쌀과 천을 보내어 우리의 궁핍한 생활을 돌보아 주었다. 그래서 나는 그 고마운 뜻을 시로 사례하였다.

기해년(1599) 정월 초하룻날 감회가 새로워 시를 읊었다.

중 조고원照高院이란 자는 왜 황제의 숙부로서 출가하여 대불사大佛寺에 있는데 중을 시켜 부채 열 자루를 내게 보내면서 시를 요구하기에 써 주었다.

풍신수길이 죽다

왜적의 괴수 풍신수길이 죽었다. 시체를 북쪽 교외에 묻고 그 위에 황금으로 장식한 전각을 짓고는 남화南化라는 중이 큰 글씨로 그 문에 이렇게 썼다.

"대명 일본에는 온 세상 떨친 호걸이 났도다. 태평한 길을 열었으니 그의 덕 바다같이 넓고 산같이 높아라."

나는 그것을 보고 격분하여 붓으로 온통 먹칠해 버리고 그 옆에 이렇게 썼다.

　한평생 경영한 게 한 줌 흙 된단 말인가
　열 층의 황금 전당 부질없이 높구나.
　탄알만 한 네 땅 지금 남의 손에 갔느니라
　무슨 일로 청구 땅에 당돌히도 대들었나.
　半世經營土一杯　十層金殿謾崔嵬

彈丸亦落他人手 何事靑丘捲土來

그 뒤 묘수원妙壽院에 있는 중 순수좌(舜首座, 후지와라 세이카藤原惺窩)[8]라는 자가 나한테 오더니,
"요전에 대합(풍신수길)의 무덤에 쓰여 있는 글을 보았는데 귀하의 글씨더군요! 왜 그리도 자중하지 못하십니까."
하였다.

중국에서 사절로 파견된 모국과茅國科, 왕건공王建功 등이 사개沙蓋의 사관에 와 있다기에 우리 나라 사람 신계리申繼李와 함께 그 문 앞에 가서 문지기에게 뇌물을 주고 들어갔다. 모국과와 왕건공은 서쪽을 향하여 의자에 앉고 나에게 의자를 권하여 나는 동쪽을 향하여 앉았는데 그들이 매우 친절하게 차와 술을 권하였다. 나는 그들에게,
"듣건대 왜놈이 배를 준비해서 짐을 보낼 것이라 하는데, 원컨대 저를 배의 시중꾼으로 데리고 가서서 고국에 돌아가 전시에 충의를 다하지 못한 벌을 받게 하여 주소서."
하였더니, 그들은 매우 동정하여 물었다.
"공은 어느 왜장에게 속하였습니까?"
"좌도란 자입니다."
하고 내가 대답하니, 그는 말하였다.
"우리가 덕천가강(德川家康, 도쿠가와 이에야스)에게 말하여 좌도

---

8) 순수좌는 강항에게서 유학을 배워 일본 주자학의 시조가 된다. 순수좌가 유학자가 된 뒤에 지은 이름 성와(惺窩, 세이카)는 강항이 그를 위해 쓴 〈성재기惺齋記〉와 〈시상와기是尙窩記〉에서 한 자씩 딴 것이다.

가 공을 귀국시키도록 하겠습니다."

이때 신계리는 본디 경박한 자라 큰소리로 이렇게 외쳤다.

"풍신수길이 죽었으니 왜국은 장차 큰 난장판이 될 것이고 왜적들은 다 죽을 것입니다. 두고 보십시오."

대마도 통역은 우리 나라 말을 잘 알기 때문에 우리를 책임지고 있는 장우위문長右衛門에게 곧바로 달려가 고하였다. 장우위문은 소서행장(小西行長, 고니시 유키나가)의 형이다.[9] 우리가 문밖에 나가자 나를 묶어 딴 방에 두고 신계리도 묶어 다른 데 두었는데 저녁에 목을 베어 거리에 달아맬 판이었다. 그래서 중국 관원은 장우위문에게,

"저들은 내게 와서 다만 늙은 아버지의 소식을 들었을 뿐 다른 일은 없었소."

하며 거듭 변명하였다. 장우위문은 그 청을 거듭 듣지 않다가 마지못해 풀어 주었다. 포로의 몸으로 겁 없이 함부로 덤빈 것은 죽음을 꺼리지 않았기 때문이다. 나는 돌아와서 두 형과 웃었다.

나는 왜국에 잡혀 온 이래, 기어이 돌아가서 고국 땅에 해골이라도 묻히리라는 생각을 언제나 잊은 적이 없다. 왜의 풍습은 돈만 있으면 귀신이라도 부린다고 한다. 그래서 나는 중 순수좌를 사귀어 글씨 품을 팔아 돈을 마련해서, 몰래 임진년 포로인 신계리, 임대흥林大興 등과 의논하여 탈출하기로 약속하였다.

그리하여 우리 둘째 형이 신계리 등을 데리고 은 80문으로 배 한 척을 샀다. 배 손질만 대강 끝나면 모두 떠날 판이었다. 그런데 신계

---

9) '적국에서 올린 상소'에서는 형의 아들이라고 하였다.

리가 경박하여 또 왜인에게 누설하였기 때문에 좌도 집에서 알고 둘째 형과 신계리 등을 불의에 습격하여 대판에 가두고서 날마다 하나 하나 내다 죽이기로 하였다. 둘째 형은 왜말을 모르므로 필시 신계리 등이 꾄 것이라 하여 가둔 지 사흘 만에 석방하여 복견성으로 돌려보냈다. 이에 우리 나라 사람 강사준 등이 술을 가지고 와서 위로하기에 나는 시 한 수를 지었다.

가고加古라는 중이 노랗고 하얀 국화와 마타리꽃과 나팔꽃을 그린 병풍을 가지고 와서 나더러 시를 써 달라기에 아래와 같이 썼다.

가을밤 찬 서리를 삼 년이나 겪었어라.
하얀 꽃 노란 꽃이 웅실웅실 섞여 폈네.
중양절 국화 향기에 흐뭇이 취하려든
무슨 일로 나팔꽃과 마타리 또 그렸나.
　三徑秋風夜有霜　離離淡白雜輕黃
　重陽靑蘂猶堪摘　何事牽牛更女郞

또 한 폭에는 기이한 이름 모를 꽃과 풀을 그렸기에 거기에는 이렇게 썼다.

고운 꽃 고운 풀 이름은 내 몰라도
봄 밖에 봄으로 언제나 아름답네.
님 계신 명월루에 부칠 수 있다면은
먼 곳에 있는 마음 님은 행여 아시리라.
　瓊花瑤草不知名　九十春光律外榮

明月樓前如可寄　美人應識遠人情

풍신수길이 우리 나라를 정유년에 다시 침략할 때 여러 장수에게 명령하기를, 사람들은 귀는 둘이지만 코는 하나씩이니 병사들에게 조선 사람의 코를 베어 머리 대신 왜경으로 보내라 하여 그것이 쌓여 언덕을 이루었다고 한다. 또 이를 대불사 앞에 묻었는데 그 높이가 거의 애탕산愛宕山 허리와 비슷하다고 한다. 유혈의 참화가 어떠했다는 것을 이것으로도 알 수 있다. 우리 나라 사람들이 쌀을 모아 거기에 제사를 하겠다고 나더러 제문을 지어 달라기에 지어 주었다.

그리던 고국으로

경자년(1600) 2월에 적장 좌도가 감시하는 자를 불러 우리 일가의 감시를 늦추라 하여 감시자는 우리더러 곧 고국으로 돌아가라 하였다. 그래서 나는 순수좌를 찾아가서 돌아가는 길을 주선해 달라고 하여 4월 2일에 드디어 왜경을 출발하였다.

일기도에 이르러서는 비바람 때문에 열흘이나 묵다가 날이 개어 새벽달을 이고 다시 떠나니 때는 5월 5일이었다.

적국에서 올린 상소
〔賊中封疏〕

삼가 바라건대 전하께서는 장수 하나를 내실 때에도 신중히 생각하시고 변장 한 사람을 바꿀 때에도 신중히 생각하셔서 문관이든 무관이든 어느 쪽에 국한하지 마시고, 품계와 격식으로 예를 삼지도 마시고, 고루한 신의와 사소한 덕행도 묻지 마시고, 이름난 가문을 택하지도 마소서. 오직 유능한 인재로서 기개와 지략이 있어서 일찍이 왜적과 용감하게 싸워 뚜렷한 공을 세운 자를 택하시어 호남과 영남의 장수로 삼으소서.

삼가 주상 전하께

 전 선무랑 형조 좌랑 강항은 목욕재계 백배하고 서쪽을 향해 통곡하면서 삼가 정륜 입극 성덕 홍렬대왕正倫立極盛德弘烈大王 주상 전하께 말씀을 올리옵니다.
 소신은 지난 정유년(1597)에 분호조分戶曹 참판 이광정李光庭의 낭청으로서 부총병 양원楊元에게 보내는 군량을 호남에서 감독하였습니다. 양곡을 모았사오나 적의 칼끝이 이미 남원을 침범하여 이광정은 서울로 향하였사옵니다. 이때 신은 순찰사의 종사관 김상준金尙雋과 각 고을에 격문을 띄워 의병을 불러 모았습니다. 충의를 생각하는 용사로 궐기하여 모인 수가 겨우 수백 명이었사오나 그들 또한 식솔을 염려하여 이내 흩어지고 말았사옵니다.
 이리하여 신은 어쩔 수 없이 아버지와 형제 처자를 배에 태워 서해를 우회하여 서도로 올라가려고 하였는데 사공의 어설픈 행동 때문에 운행치 못하고 바다굽이에서 어물거리다가 갑자기 적선을 만났사옵니다. 이때 신은 벗어나지 못할 줄 각오하옵고 식솔들과 함께 바닷물에 몸을 던졌사온데 해안의 물이 얕아서 모두 왜놈에게 붙잡했고, 오직 아버지 홀로 딴 배를 타고 빠져나갔사옵니다.

분호조에서 징발한 양곡이 수백 통이었으나 모두 침몰되어 노력한 보람이 없게 되었사오니 위로 조정을 욕되게 하여 더욱 죄를 면할 수 없사옵니다.

적은 신을 벼슬아치로 보고 신과 신의 형제 등을 모두 배에 싣고 결박하여 배를 돌려 무안현 어떤 바다굽이에 이르렀사옵니다. 거기에는 적선 6~7백 척이 무려 몇 마장에 그득 차 있었사온데 우리 나라 남녀와 왜인이 서로 반반은 될 것이오며 배마다 부르짖어 우는 소리가 바다와 산을 흔들고 있었사옵니다.

순천 좌수영에 가서는 적장 좌도佐度가 신과 신의 형 준濬, 환渙, 장인 김봉金琫 등과 식솔들을 한 배에 태우고 왜국으로 압송케 하였사옵니다. 그리하여 배가 순천을 떠나 하루 만에 안골포에 이르렀고 이튿날에는 저물녘에 대마도에 이르렀사온데 비바람 때문에 이틀을 묵었사오며, 또 이튿날 저물녘 일기도(이키시마)에 이르렀사옵니다. 이튿날 저물녘 비전주肥前州에, 또 이튿날 저물녘 장문주長門州 하관下關에, 이튿날 저물녘 주방주周防州 상관上關에 도착하였사온데 상관이란 이른바 적간관(시모노세키)이란 곳이옵니다. 그리고 이튿날 저물녘 이예주 대진현에 가서 신 등을 가두었사옵니다.

좌도는 식읍이 셋인데 대진大津은 그중 하나이옵니다. 여기에 와서 보니 전란 뒤 포로로 온 우리 나라의 남녀가 무려 천여 명이온데 새로 잡혀 온 사람은 골목과 거리에서 무리를 지어 밤낮 울고 있었사옵니다.

이듬해 4월 그믐께 서울 죽사竹肆에 살던 사람으로 임진년에 포로가 되었다가 왜경에서 도망하여 이예주에 온 사람이 있사온데 그가 왜말을 잘하기에 신은 그에게 탈출하여 귀국하자는 뜻을 보였더니 그도 동의하여 더불어 계책을 세웠사옵니다. 신은 왜말을 도무지 몰라 통역 없이는 아무 데도 갈 수 없기 때문이었사옵니다.

드디어 5월 25일에 밤을 타서 서쪽으로 빠져나갔사옵니다. 사흘 동안을 가서 해안 대숲 속에 숨어 쉬고 있을 때 나이 예순쯤 되어 보이는 왜중 한 사람이 폭포에서 몸을 씻고 바위 위에 누워 있었사옵니다. 통역이 가만히 가서 신 등이 이곳까지 온 연유를 말하니 중은 애달파하며 거듭 탄식하더니 배로 우리를 풍후주豊後州까지 건네주겠다고 하기에 신 등은 몹시 기뻤사옵니다. 그러나 중을 따라 내려오기 열 걸음도 되기 전에 갑자기 좌도의 부하 도병道兵이란 자가 졸병을 거느리고 나타나더니 신 등이 도망하는 것을 알고 강제로 대진성에 돌려보냈사온데 이때부터 감시가 더 엄하였사옵니다.

금산 출석사에 호인(好仁, 요시히도)이라는 중이 글도 상당히 알며 신을 보고 동정하여 예절이 남달랐으므로 신에게 자기 나라의 중요한 문헌을 보여 주는데 지리며 관제를 빠짐없이 기록한 것이었사옵니다. 그래서 신은 곧 그것을 베꼈고 또 좌도의 아비 백운白雲이란 자가 매우 상세하고 온전한 왜국의 지도를 가졌다기에 통역을 통하여 베끼게 했사옵니다. 그리고 또 신이 본 왜국의 정세에 의거해 우리 나라의 방어 대책을 강구하였사오며 어리석은 신의 견해를 섞어 가면서 조심스레 논평을 덧붙였사옵니다.

아아, 패한 장수는 용맹을 논할 수 없다 하거늘 하물며 신이 포로가 되어 적의 소굴에서 구차하게 목숨을 지탱하고 있는 처지로 감히 붓을 놀려 조정 정책의 득실을 논할 수 있사오리까. 이는 분수에 지나처 죄를 벗어날 길 없다는 것을 잘 알고 있사옵니다. 그러나 옛날에는 죽음으로 간한 자도 있고 죽음에 닥쳐서도 나라를 위해 계책을 올리기를 잊지 않은 이들이 있었사오니 진실로 나라에 조금이라도 이로울 만한 것이 있다면 죄인이라 하여 말씀드리지 않을 수는 없다고 생각하옵니다.

만 리 창해 밖 구중궁궐에 계셔서 혹 왜놈의 간사함과 허위를 자세히 알지 못하실 것이옵니다. 지난날 통신사가 왕래하였사오나 기간이 촉박할 뿐 아니라 왜국의 경계가 엄하여 자료를 얻는다고 해봐야 상세하게 갖추기는 어려웠사옵니다. 또 포로로 갔다가 탈출하여 귀국한 사람들도 있사오나 그들은 농민 아니면 천인들로 배우지 못한 자들이오니, 그들이 듣고 보았다는 것이란 정확지 못할 것이옵기에 감히 몽매함을 무릅쓰고 기록을 덧붙여 올리는 바이옵니다.

중한테서 얻은 중요한 문헌 가운데는 왜말로 적은 데도 있기에 신이 우리 글자로 음을 표시하였으니, 왜의 첩자를 조사하고 항복한 왜군을 신문하는 데 편리할 것이옵니다.

울산 사람 김석복金石福이, 자기는 도원수 권율權慄의 노복이었사온데 계사년(1593) 가을 포로가 되어 역시 이예주에 와 있었다고 하옵니다. 그가 많은 재물을 먹이고 왜선을 삯 내어 귀국하려 하옵기에, 신이 그에게 기록한 문서를 부치옵니다. 행여 이 사람이 가는 길에 변고가 없어 이 글을 명철하신 전하께서 보실 수 있게 된다면, 왜국이 만 리 바다 밖에 있다 하더라도 놈들의 간담이 눈앞에 또렷이 드러날 것이옵니다. 갖가지로 간사함을 부리는 추악한 왜놈들을 반드시 만 리 밖에서 신명처럼 살피시어 방어하고 대응하는 데에 조금이라도 도움이 되리라 생각하옵니다.

왜적은 정유년 8월 8일 신 등을 이송하여 9월 11일에 대판성(오사카 성)에 이르렀사온데 괴수 풍신수길은 이미 7월 17일에 죽었사옵니다.

대판이란 곳은 왜국의 서경이온데 거기에 있은 지 며칠 만에 또 신 등을 복견성(후시미 성)으로 옮겼사옵니다. 복견성은 왜국의 새 수도이옵니다.

적의 괴수가 이미 죽었으므로 적의 정세가 전날과는 아주 달라졌사옵니다. 신은 이때 우리 조정에서 혹 기회를 놓치지나 않을까 하여 포로로 잡혀 와 왜경에 있는 동래 사람 김우정金禹鼎, 진주 사람 강사준姜士俊 등과 의논하여 아침저녁 쌀을 모아 각각 은을 조금씩 마련하여, 남의 나라 사람인 줄 모를 만큼 왜말을 잘하는 사람을 골라 그에게 노비와 뱃삯을 주어 은밀히 통보하려 했더니 문서를 보내기 전에 왜군이 이미 철수하였사옵니다.

신은 백 가지 계교로 돌아가기를 꾀하였사오나 돈 없이는 불가능하옵기에 생각다 못해 왜중에게 글씨 품을 팔아 은 50여 냥을 벌었사옵니다. 그리하여 몰래 배 한 척을 사서 동래 사람 김우정, 서울 사람 신덕기申德驥, 진주 사람인 사공 정연수鄭連守 등과 귀국하기로 약속하고, 신과 신의 형 환과 장인 김봉 등이 아직 떠나기 전에 우선 신의 형 준이 사공과 통역을 데리고 배 탈 곳으로 갔사옵니다. 그런데 바닷가에 사는 왜인이 좌도 집에 밀고하여 왜적이 병졸을 급히 보내 잡히고 말았사옵니다. 스무 날이나 가두었다가 왜말 하는 사람은 다 죽이고 나머지는 오랜 뒤에야 풀어 주었사옵니다. 재주는 궁했사옵고 천 가지 생각, 백 가지 계책이 모두 헛수고로 돌아가고 말았사옵니다. 이 어찌 나라를 위한 신의 구구한 충정이 하늘땅을 감동시키지 못하여 이러함이 아니오리까.

옛날 진나라가 예를 버리고 오만할 때 노중련魯仲連이란 사람은 동해로 가 버리고, 주 무왕 같은 어진 이가 폭군을 칠 때에도 백이伯夷는 오히려 서산에서 굶주려 죽었거늘 하물며 왜는 얼마나 흉포하며 왜땅은 얼마나 멀리 떨어진 이역이며 또 우리 나라 백성에게 어떤 원수이옵니까. 하물며 신이 베옷 차림으로 외람히 과거에 올라 벼슬은 낮고 행한 이력은 얕다 하더라도 지난 갑오년(1594) 가을부터 겨울까지 외람히도 승정원의 가주서로 편전에 입시한 것이 거의 스무 번이옵니다. 또 임금께옵서 온화하신 음성으로 신의 이름을 하문하시는 은총을 받았사옵니다. 병신년(1596) 겨울에는 또 상서랑으로 임명받았사오니 정수리부터 발꿈치까지 모두가 성상께서 주신 혜택을 입었사옵거늘 티끌만치도 나라에 도움이 되지 못한 채 문득 만 리 절역 개돼지의 굴 속에 빠졌사오니, 단 하루를 구차히 사는 것도 만 번 죽어 용서받을 수 없사옵니다.

새털처럼 가벼운 목숨을 어찌 감히 아끼오며 잠시의 고통을 견디지 못할 것도 아니오나, 다시 생각하옵건대 여기서 그냥 죽어 버리는 것은 시궁창에서 자살하는 것과 같사옵니다. 위로는 충의와 절개를 세워 나라에 보답하지 못하고 아래로는 죽음을 명백히 하여 영예를 남기지 못하고, 철없는 아이와 어리석은 처와 더불어 칼끝의 해골이 된들 누가 알 수 있겠사옵니까. 옛날의 충신 열사인 문천상文天祥이나 주서朱序 같은 분들도 포로가 됨을 면치 못하였으나 그르다 하지 않고 절개를 보전한 사람이라 하였사오니, 이는 비록 몸은 포로가 되었으나 그 마음은 어떤 어려움에도 굽히지 않고 의연했기 때문이옵니다.

보잘것없는 신이 옛사람의 만분의 하나도 따를 수 없사옵니다마는 충성을 다하려는 뜻은 옛사람에게 조금도 양보할 수 없사오니 개미 같은 목숨이 아직 붙어 있는 이상, 나라에 바치려는 충성은 만 번 꺾여도 변함없을 것이옵니다. 온갖 계책을 다하여 탈출해서 서울 거리에서 싸우지 못한 죄로 죽임을 당해 설사 몸과 머리가 두 동강이 나더라도 오랑캐 땅에 묻히는 것보다는 나을 것이옵니다. 하물며 추악한 오랑캐의 내정과 기밀이 이미 신의 눈에 들어왔사오니 만일 하늘이 기회를 빌려 주어 틈을 탈 수가 있다면 신은 마땅히 죽지 못한 몸으로 삼군의 길잡이로 나서서, 국가의 위령을 받아 위로는 나라 앞에 지은 죄를 씻고 아래로는 포로살이의 통분을 푼 다음, 법에 따라 구차히 살고 있는 죄를 받는다면 그 얼마나 통쾌하겠사옵니까. 이는 신이 밤중이면 칼을 어루만지며 비분강개하는 바이며 하루에 창자가 아홉 번씩 꿈틀거리는 바이옵니다.

아아, 멀리 이국에 몸을 붙이고 있는 것은 옛사람도 슬퍼하였지만 이 치욕을 어찌 견디겠사옵니까. 이 목숨이 남아 있는 동안 감히 다시는 고국의 장한 모습을 보기를 바랄 수 없사오나, 살아서 대마도를 지나 그림 같은 부산을 다시 볼 수만 있다면 아침에 들어가서 저녁에 죽어도 다시는 여한이 없겠사옵니다.

왜국의 사정을 기록한 것과 아울러 풍신수길이 죽은 뒤 간교한 꾀를 일삼는 왜의 동태를 아래에 기록하였사오니, 엎드려 바라옵건대 전하께옵서는 구차히 살아 체통 없다 하여 이 말씀마저 버리지 마시사 행여 이 글을 참고하신다면 공격하고 방어하는 전술 전략에 조금이라도 도움이 되리라 생각하옵니다. 다시금 바라옵건대 전하께옵서는 시험 삼아라도 마음을 쓰셔서 밝히 살펴 주시옵소서.

신은 나라의 운명이 위태로워 황황급급 애통 절박함을 견딜 수 없사옵기 삼가 소장을 받들어 아뢰옵니다.

우리 임금 32년(1599) 4월 10일

왜국의 지리와 군제

풍신수길의 득세

먼 옛날에 즙불합존茸不合尊이라는 자가 이른바 천신天神이라 하여 검 하나, 옥새 하나, 거울 하나를 가지고 일향주日向州에 내려왔다고 합니다. 그리하여 일향에 도읍했다가 뒤에 대화大和로 옮겼으며 또 장문주 풍포豊浦에 옮겼다가 또다시 산성주山城州로 옮기니 지금의 왜경입니다.

왜국이 생긴 이래 한 성姓이 이어져 지금까지 딴 성으로 바뀐 일이 없다고 합니다. 신이 왜국 역사의 편년과 이른바 《오처경吾妻鏡》▪이란 책을 얻어 보니 4백 년 전에는 이른바 왜국 천황이 권위를 잃지 않았습니다. 그러다가 대신 한 사람을 선택하여 나라 정사를 맡겨 대신하게 하였습니다.▪ 그래도 천황의 명을 받들어 행하였을 뿐이

▪ 내 잘잘못이 곧 내 처에게 나타나는 것이니 처를 보면 내 잘잘못을 알 수 있다. 그러므로 이를 역사책의 이름으로 삼았다
▪ 대납언大納言, 대정대신大政大臣, 대장군大將軍, 관백關白 들이다.

었습니다.■ 그뒤 관동 장군 원뢰조(源賴朝, 미나모토 요리토모)가 권세를 잡은 다음부터는 정사를 관백에게 맡기고 제사만 천황이 지냈으며, 급기야 풍신수길이 직전신장(織田信長, 오다 노부나가)을 대신한 뒤부터는 백성들의 수난이 더욱 심해졌습니다. 천황의 것이던 수도 가까운 지방의 토지까지 모두 풍신수길이 빼앗아 차지하였으며 그 토지를 나누어서 자기가 신임하는 여러 장수들에게 주었습니다.■

각 주에는 대관代官[1]의 토지를 많이 설정해 두어 식읍을 받아 가진 여러 장수들이 대관의 토지까지 아울러 살피게 하면서 그 토지의 소출을 팔아서 얻은 은전을 수도로 보내 국고에 충당합니다. 대관의 추수가 3만 석이라면 그 땅을 관리하는 자의 몫은 만 석이 되니, 왜장으로 대관의 토지를 많이 관리하는 자는 으레 부자가 되었습니다. 전에는 토지를 관리하는 자가 농민한테 소출을 모조리 받는 것을 오히려 부끄럽게 여겨 절반은 농민에게 주었으므로 농민들이 그다지 궁핍하지는 않았고 왜장들도 그리 풍족하지는 않았습니다. 풍신수길이 직전신장을 대신하면서부터는 몹시 탐욕스럽게 거두어들이며 농민들에게는 지푸라기조차 주지 않으니 왜장의 재물은 풍신수길에 비길 만하고 농민은 가난하여 끼니를 잇지 못하게 되었습니다.

이른바 섭정攝政은 예전에는 반드시 등藤, 귤橘, 원源, 평平 등 네 성바지에서만 해 왔습니다. 그래서 귀한 지위도 세습되고 천한 신분

■ 당시 천황을 혹은 천존이라고도 하였다.
■ 왕의 측근은 봉록이 매우 박하여 많다는 자가 겨우 수천 석이지만 풍신수길이 신임하는 사람으로 덕천가강(德川家康, 도쿠가와 이에야스), 모리휘원(毛利輝元, 모리 데루모토) 같은 자는 서로 잇닿은 식읍이 여덟아홉 주에 뻗어 봉록이 무려 오륙백만 석이나 되었다.
1) 일본의 덕천 막부에서 막부가 직접 다스리는 토지를 담당하던 벼슬아치.

도 세습되기 때문에 권세를 잡은 자는 그래도 명분과 의리를 소중히 여겨 감히 부도덕한 일을 저지르지는 못했다고 합니다. 급기야 직전 신장이 부하 명지광수(明知光秀, 아케치 미쓰히데)에게 피살되자 풍신수길은 뛰쳐 일어나 여러 대신들을 죽이고 스스로 관백이라고 하였습니다. 그리하여 풍신수길은 네 성씨 가운데 하나를 부여받으려고 왕에게 청하였으나, 왕의 측근들은 모두,

"다른 일은 공의 마음대로 해도 좋으나 성만은 허락할 수 없다."

하였습니다. 풍신수길은 격분하여 자칭 평씨平氏라고 하다가 뒤에는 다시 풍이라고 고쳤다고 합니다.

지금 요직에 있는 자들은 다 남의 고용살이하던 자들이 아니면 저 잣거리에서 돌아먹던 자들로서 풍신수길에게 의탁하여 갑자기 부귀하게 되었습니다. 왜중으로서 좀 유식한 자들 말이 일본의 역사 이래 이렇게 뒤죽박죽된 일은 일찍이 없었다고 합니다.■

진시황 때 서복徐福이 배에 동남동녀를 싣고 멀리 바다로 나가 왜의 기이주紀伊州 웅야산熊野山에 가서 살았다고 합니다. 그래서 웅야산에는 지금도 서복의 사당이 있으며 그의 자손들은 지금 진秦씨라고 합니다. 세상에서 전하기를 서복의 후예가 왜왕이 되었다고 하는데 그런 것은 아닙니다.

홍무(洪武, 1368~1398) 연간에 왜중 진津이란 사람이 바다를 건너 중국에 조공을 바치러 들어갔는데, 명 태조가 그에게 시를 지으

■ 풍신수길은 처음에는 자칭 관백이라 하고 그 뒤에는 또 자칭 대합이라고 하였다. 그리고 자기 외조카를 길러 관백으로 삼았는데, 을미년에 그가 반한다는 급보를 듣고는 관백과 그 낭도들을 베어 죽였다.

라고 하여 이런 시를 지었습니다.

웅야산 그 앞에는 서복의 사당 있네
온 산엔 약초 나와 비 뒤에 살졌어라.
지금은 바다 위에 파도가 잔잔하니
바람씨 좋은 이때 돌아감이 어떠하리.
熊野山前徐福祠　滿山藥草雨餘肥
至今海上波濤穩　直待好風須早歸

이에 대해 태조가 화답하였습니다.

웅야산 높은 거기 사당이 서 있다고
솔뿌리에 엉긴 호박도 응당 살졌으리.
옛날 옛적 서복이 배 타고 간 연후에
지금에 이르도록 돌아온 일 없었다네.
熊野峯高血食祠　松根琥珀亦應肥
昔時徐福浮舟去　直至于今猶未歸

왜국이 조선보다 큰 듯

홍법 대사弘法大師라는 자가 있었는데 찬기주讚岐州 사람이라고 합니다. 일찍이 중국을 거쳐 천축(天竺, 인도)에 들어가 불법을 배워 돌아오니 사람들이 살아 있는 부처라고 하였습니다. 그는 자기 나라 사람들이 글을 모른다 하여 왜말에 의거해서 48자로 나누어 왜국의 언문인 가나 문자를 만들었습니다. 그 가나 문자로 한자를 섞어 쓴 것을 보면 마치 우리 나라의 이두처럼도 보이며, 한자를 섞지 않은 것은 우리 나라의 언문과 비슷합니다. 왜인으로 글 잘한다는 자도 가나 문자로만 쓴 것은 도무지 알아보지 못한다고 합니다.

왜중 가운데 글을 아는 자가 많아 그들의 성정이 보통 왜와는 매우 달라서 왜장이 하는 짓을 비웃고 있습니다. 일찍이 제게 어떤 중이 홍법 대사가 기록한 문헌을 보여 주기에 그 지도 뒤에 쓴 것을 보니, 일본 땅은 도가 8개, 주가 66개로 여기에는 일기도와 대마도는 들지 않았습니다. 그 안에는 섬이 2, 향鄕■이 9만 2천, 촌이 10만 9856, 전田이 89만 9160정町, 전畠이 11만 2148정,■ 절이 2958, 신궁神宮이 2만 7613입니다. 그리고 인구는 남자가 19억 9만 4828인, 여자가 29억 4820인이라고 했습니다.[2] 비록 더하고 덜함이 시대마다 다르기는 하겠지만 이상으로 대략은 짐작할 수 있습니다.

또 거기에 쓰여 있기를 일본의 극동極東은 육오주陸奧州, 극서極西는 비전주, 그리고 동쪽인 육오주에서 서쪽인 비전주까지는 415리이고 극남極南은 기이주, 극북極北은 약협주若狹州, 그리고 남쪽인 기이주에서 북쪽인 약협주까지는 88리이며, 육오주 평화천平和泉에서 이해夷海까지는 30리, 판동로坂東路까지는 180리라고 하였습니다.

■ 성지城池 있는 데를 향이라고 한다.
■ 왜국에서는 우리 나라의 5척 길이쯤 되는것을 1간間이라 하고 55간을 1정이라 하고 36정을 1리라 하는데, 왜국의 1리는 우리 나라의 10리와 같다. 그러나 관동 지방에서는 다만 6정을 1리라 한다. 수전을 전田이라 하고 산전을 전畠이라고 한다.
2) 여기서 억億은 현재의 개념과 달리 백만을 가리킨다.

일찍이 왜국의 크기를 말할 때 우리 나라만 못하다고 하였는데, 왜중 의안意安이란 자에게 들으니 그렇지 않았습니다. 의안은 왜경 사람인데 그 할아비와 아비가 중국에 가서 배웠습니다. 의안은 산학算學, 천문, 지리 등을 상당히 알고 있으며, 또 일찍이 토규土圭[3]를 만들어 햇볕의 그림자를 측정한 일도 있었거니와 천지의 도수와 산천의 원근도 대강 안다고 했습니다. 그가 일찍이 말하기를, 임진년 난리 때 왜인이 조선에서 호조의 토지 대장을 모두 가져와서 보았는데 일본 전적의 절반도 안 된다고 했다고 합니다. 그 사람은 순박하여 믿음직하니 망발이 아닌 것 같고, 또 관동과 육오주의 이정을 미루어 보면 우리 나라에 견주어 매우 먼 것도 사실입니다.

옛날에 신라 사람 일라日羅[4]가 왜국에 들어갔더니 왜국 백성들이 그를 높이 받들어 태랑방太郞房을 삼았으며, 그가 죽은 뒤에는 사당을 지어 높이 제사하여 그를 애탕산에 중생을 구하러 온 수호신으로 삼았다고 합니다. 그리하여 그 앞에 돈과 쌀을 놓고 복을 비는 자가 지금도 사방에서 모여들어 문이 꽉 메어 저자를 이루고 있습니다. 왜장 가등청정(가토 기요마사) 같은 자들은 더욱 귀신을 숭상합니다. 왜의 풍속이 잔꾀는 많아도 크게 어리석어 뭇사람들의 존경과 명예가 집중되고 있으면 그 연유를 생각할 것도 없이 덮어놓고 좋아, 한번 미혹되면 죽을 때까지 깨닫지 못하니 오랑캐들의 어리석음이 대체로 이러합니다.

동해도, 동산도, 북륙도는 우리 나라에서 가장 멀리 떨어진 곳이

---

3) 옥으로 만든 그릇인데, 해의 그림자가 변하는 것으로 시간을 재는 도구.
4) 일라日羅를 신라 사람이라고 한 것은 잘못이다. 일라는 백제 사람이다.

므로 임진년 난리 때 참전하지 않았습니다. 그러나 기내畿內, 산양, 산음, 남해 등 네 도에서는 군대를 번차례로 교체하였으며 서해도는 거리가 우리 나라와 매우 가깝기 때문에 임진년 이래 계속 주둔하여 왔습니다.

임진년 우리 나라에 쳐들어온 왜장들

임진년 침략에 동원한 군대 수는, 뱃사공은 빼고 무장한 군사만 16만 1천5백 명이었으며 그와 관련한 왜장들은 다음과 같습니다.

안예 중납언 모리휘원安藝中納言毛利輝元(상주에 침입했던 자)
안예 재상 모리수원安藝宰相毛利秀元(모리휘원의 양자)
비전 중납언 우희다수가備前中納言宇喜多秀家(남별궁南別宮에 침입했던 자)
축전 중납언 목하금오筑前中納言木下金吾
증전 우위문정 장성增田右衛門正長盛(서울에 침입했던 자)
이달 중장 정종伊達中將政宗(진주에 먼저 침입했던 자로 본시 애꾸눈이며 용력이 있고 악독한 놈)
협판중무 소보안치脇坂中務少輔安治
장강 월중수 세천충흥長岡越中守細川忠興
호전 치부대보 승중戶田治部大輔勝重(해서 지방에 침입했다가 돌아가 죽은 자)
석전 치부소보 삼성石田治部少輔三成
살마수 도진 병고두 의홍薩摩守島津兵庫頭義弘

비전주 지주 용장사肥前州地主龍藏寺

천야 탄정 장정淺野彈正長政

천야 좌경대부 행장淺野左京大夫幸長(천야 탄정 장정의 아들)

생구 아악정 두친정生駒雅樂正頭親正

생구 찬기수 일정生駒讚岐守一正(생구 아악정의 아들)

장증아부 토좌수 성친長曾我部土佐守盛親

봉수하 아파수 가정蜂須賀阿波守家政

지전 이예수 수웅池田伊豫守秀雄

등당 좌도수 고호藤堂佐渡守高虎

대곡 형부소보 길계大谷刑部少輔吉繼

가등 좌마조 가명加藤左馬助嘉明

소천 좌마조 우충小川左馬助祐忠

궁부 병부소보 장희宮部兵部少輔長熙

복고 우마조 직고福藁右馬助直高(복고福藁를 복원福原이라고도 함)

중천 수리대부 수성中川修理大夫秀成

가등 주계 청정加藤主計淸正(호개虎介라고도 하는데 북도北道에 침입했던 자)

소서 섭진수 행장小西攝津守行長

흑전 갑비수 장정黑田甲斐守長政

모리 일기수 승신毛利壹岐守勝信

모리 민부대보 고정毛利民部大輔高政

송포 법인 진신松浦法印鎭信

죽중 원개 융중竹中源介隆重

조천 주마두 장정早川主馬頭長政

양천 입균 좌근楊川立橘左根

사택 지마수 정성사澤志摩守正成

우시 대마수 종의지羽柴對馬守宗義智

정유년의 왜장들

정유년에 다시 침략했을 때에는 군대가 훨씬 줄어 10만 4천5백 명이 동원되었으며 왜장은 다음과 같습니다.

안예 재상 모리수원安藝宰相毛利秀元

비전 중납언 우희다수가備前中納言宇喜多秀家(능성, 화순에 침입했던 자)

축전 중납언 목하금오筑前中納言木下金吾

천야 좌경대부 행장淺野左京大夫幸長

살마수 도진 병고두 의홍薩摩守島津兵庫頭義弘(사천에 주둔했던 자)

비전주 지주 용장사肥前州地主龍藏寺(가신인 과도 가하수鍋島加賀守가 대행하였음)

가등 주계 청정加藤主計淸正

소서 섭진수 행장小西攝津守行長(순천에 주둔했던 자)

흑전 갑비수 장정黑田甲斐守長政

봉수하 아파수 가정蜂須賀阿波守家政(배로 무안에 왔던 자)

생구 찬기수 일정生駒讚岐守一正

장증아부 토좌수 성친長曾我部土佐守盛親(나주에 침입했던 자)

가등 좌마조 가명加藤左馬助嘉明(배로 무안에 왔던 자)

복고 우마조 직고福藁右馬助直高(배로 무안에 왔던 자)

조천 주마두 장정早川主馬頭長政

중천 수리대부 수성中川修理大夫秀成(배로 무안에 왔던 자)

모리 일기수 승신毛利壹岐守勝信

모리 민부대보 고정毛利民部大輔高政(배로 무안에 왔던 자)

양천 입귤 좌근楊川立橘左根

등당 좌도수 고호藤堂佐渡守高虎(배로 무안에 왔던 자)

사택 지마수 정성寺澤志摩守正成

지전 이예수 수웅池田伊豫守秀雄(광주에 침입하여 학살과 약탈이 아주 심했음. 배로 진도까지 와서 배 위에서 죽은 자)

원견 화천수 일직垣見和泉守一直

송포 법인 진신松浦法印鎭信

웅곡 내장윤 직무熊谷內藏允直茂

우시 대마수 종의지羽柴對馬守宗義智

내도수 구류도통총來島守久留島通總(이순신에게 패하여 죽은 자)

군대는 왜장의 사병들로

안국사安國寺라는 왜중이 처음에는 모리휘원(모리 데루모토)에게 몸을 의탁하고 있었는데 모리휘원이 괴수 풍신수길과 사이가 좋지 않은 것을 보고 양쪽으로 오가면서 화해를 붙여 드디어 서로 친하게 만들었습니다. 그래서 풍신수길이 그에게 상으로 토지를 많이 주었는데 그는 굳이 사양하다가 다만 2만 석의 소출이 있는 토지만을 받았습니다. 그는 우리 나라에 두 번에 걸쳐 침략한 왜적의 참모로, 자못 지략이 있다고 자부해 왔는데, 왜국의 다른 중들은 그가 처음에는 깨끗하게 보이더니 뒤에는 자신을 더럽혔다고 모두 비웃습니다. 그러나 그는 힘써 강화를 주장했다고 합니다.

또 태 장로兌長老라는 중이 문장을 잘한다고 자부하여 괴수 풍신수길을 극진히 섬기면서 만여 석을 거두는 토지를 받기도 하였습니다. 나는 그가 풍신수길을 위해 지은 《학문기學問記》와 유격 심유경沈遊敬과 문답한 《서기書記》라는 책을 어떤 왜중에게 얻어 보았는데, 과장이 심하였습니다. 심지어 명나라가 자기 나라의 위풍을 듣고 조문을 왔다느니, 조선이 불의의 길로 나가기 때문에 정벌한다느니 하며 터무니없는 말을 써 놓았으니 실로 가소롭고도 분함을 금할 수 없었습니다.

또 안국사 서당西堂이라는 중은 우리 나라에서 현소(玄蘇, 겐소)라고 부르는 자인데 대마도주 종의지의 모사 노릇을 하고 있는 자입니다. 그는 상당히 문장에 능하여 우리 나라를 모욕하고 모독한 문서가 대부분 그의 손에서 나왔다고 합니다.

싸움에서 공을 세운 자에게는 토지를 상으로 줍니다. 그리하여 식읍을 많이 받은 자는 여덟아홉 주를 차지하기도 하였으며 그다음은 서너 주, 또 그다음은 한 주, 또 그다음은 몇 성, 또 그다음은 한 성, 그리하여 가장 공이 작은 자라도 향촌을 나누어 받습니다. 혹 편비(編裨, 비장)로서 갑자기 주나 군을 차지하기도 하지만, 그와는 반대로 공이 없으면 가졌던 토지도 빼앗길 뿐 아니라 사람으로 쳐주지 않기 때문에, 싸움에 참가하여 이기지 못하면 군법으로 처리되기 전에 자결하고 마는 것이 보통입니다.

전사한 장졸의 직위는 그 아들이 물려받게 합니다. 이예수 지전수

웅이 진도珍島에서 병으로 죽었을 때 아들 손사랑孫四郞이 이내 군중에서 그 직위를 대신 받았으며 내도수가 전라 우수영에서 전사하였을 때 아우가 내도수의 성城을 대신 받았습니다.

혹 분쟁이 일어나 싸우다가 자기 적대자를 찔러 죽이고 이내 제 목을 찌르거나 배를 가르고 죽으면 뭇사람들이 모두 탄복하고 애석히 여겨 '진실로 대장부'라고 하며 그의 자손을 가리켜 '용감하게 죽은 아무개의 후예'라고 하여 매양 고귀한 사람과 혼인을 합니다.

토지를 차지한 군벌은 전쟁에서 이긴 공로가 있는 부하에게 토지를 나눠 주며 부하는 그 토지의 수입으로 정예 부대를 기릅니다. 용맹이 있는 자, 검술을 배우는 자, 포를 놓는 자, 활을 쏘는 자, 헤엄을 잘 치는 자, 군법에 밝은 자, 달리기를 잘하는 자 등등 적어도 한 가지 재주라도 있는 자는 모두 받아들입니다. 그리하여 큰 주에는 양성하는 인원수가 수만을 헤아리고 작은 주라도 수천은 됩니다. 그러므로 한번 전쟁이 일어나면 괴수는 장군들에게, 장군은 부하들에게, 부하는 제집에서 부리는 하인에게 명령하니 편대를 조직할 때 정예한 군대를 곁에서만 뽑더라도 충분합니다. 그래서 농민들은 그냥 농사지어서 군량을 대기만 하면 그만인 것입니다.

왜장의 부하들은 그대로 그 왜장의 사졸이 되어 갑자기 군대를 징발하느라고 야단법석 떨 일이 없고, 주의 창고들은 그대로 그 주의 군량이 되어 군량이 모자랄 걱정이 없습니다. 아무리 오랑캐 집단의 예라 하더라도 조직이 항상 짜여 있고 평소 훈련이 되어 있으므로 싸우면 공을 세우게 되는 것입니다.

방비를 위해 드리는 충언

관원을 임명할 때 가문을 묻지 마시고

신이 삼가 살펴보건대 우리 나라에서는 본래 병사를 양성하지도 않고 백성을 가르치지도 않다가 임진년 이후 갑자기 농민을 몰아 전쟁터로 내보냈는데, 세력이나 재산 있는 자는 뇌물을 먹여 빠지고 가난한 백성으로 기댈 곳 없는 자만이 전쟁에 나가게 되었습니다. 뿐만 아니라 장수는 일정한 군대가 없고 군대는 일정한 장수가 없습니다. 한 고을의 백성들이 반은 순찰사에 속하고 반은 절도사에 속하며, 군인 한 사람이 아침에는 순찰사에게 속했다가 저녁에는 도원수에게 속합니다. 그리하여 장졸이 자주 바뀌어 통제할 겨를이 없고 관원의 체면이 서지 않아 규율이 말이 아니니, 어찌 전쟁터에 달려나가 적을 무찌를 수 있겠습니까.

관청이 몹시 많아 조정의 명령이 일정치 않으며 온 고을의 군대를 온통 징발하고 온 고을의 양곡을 온통 수송하여 적이 성 밑에 닥쳤을 때엔 고을 원이 빈 성을 지킬 뿐이니, 비록 옛날의 뛰어난 장수가 오늘에 다시 살아나더라도 달아날 수밖에 없을 것입니다.

이복남李福男을 아침에 남원 부사로 임명하였다가 저녁에 나주 목사로 보냈으며 오늘 방어사로 임명하였다가 이튿날 절도사로 보내는 것은 옳지 않습니다. 이미 방어사의 임무를 감당치 못한다 하여 옮기게 되었다면 또 어찌하여 절도사를 삼을 수 있겠습니까. 또 이미 절도사의 임무를 감당하리라 하여 등용하기로 하였다면 하필 나라가 위급할 때 방어사의 자리에서 해임할 수 있겠습니까. 대장이 자주 갈리면 사졸들이 해이해지는 법이니 대장이란 권한은 같더라도 중요한 골목에서 갑자기 적과 맞다들었을 때 명령이 어찌 잘 관철되오리까.

이순신은 바다의 장수이온데 죄상으로 밝혀진 것이 없는데도 모해자의 거짓말을 좇아 옥에 가두고는 원균에게 임무를 대신하게 한 것은 옳지 않습니다. 임진년에 포로가 되어 왜국에 있다가 적을 따라 들어온 자들이 모두 말하기를,

"정유년(1597) 7월 15일에 왜장이 정예병을 모아 빠른 배를 타고 우리 군대의 동정을 정탐하러 들어왔는데 우리 나라 병선은 어느 배나 할 것 없이 군사들이 모두 잠들어 코 고는 소리만 들릴 뿐이었다. 그래서 적군이 갑자기 포 두 방을 쏘자 우리 군대는 당황하여 저마끔 닻줄을 끊고 어쩔 줄을 몰라 하였으며 적병은 때를 놓치지 않고 병선을 이끌고 한번에 진격하여, 우리 군은 그만 한산도를 잃었다. 적병이 서해를 따라 서쪽으로 진출하여 전라도 우수영에 이르렀는데, 위급한 때에 다시 등용된 이순신이 병선 십여 척으로 용감하게 싸워 격파하였으니 이 싸움에서 왜장 내도수는 패하여 죽고 민부대부 모리고정民部大夫毛利高政은 바다에 떨어

져 죽음을 겨우 면하였고 그 밖에 나머지 적의 장수들이 수없이 죽었다."
하였습니다. 이를 보면 원균이 군대를 통솔하는 데 무능했던 것과 적은 병력으로 적의 큰 병력을 격파한 이순신의 탁월한 전술을 알 수 있습니다.

한산도가 적에게 격파되어 적병이 이미 호남에 쳐들어왔을 때 비로소 순찰사 박홍로朴弘老를 해임하고 새로 황신黃愼을 배치하자고 한 것은 옳지 않습니다. 그 결과 박홍로는 이미 해임되었으되 황신은 아직 임지에 오지 못하여 군영이 한번 흩어지니 미처 수습할 수 없어 전라도 온 고을에 한 곳도 군대를 집결한 곳이 없었습니다. 그래서 적병이 마냥 무인지경으로 쓸어드니, 전란이 있은 이래 팔도가 다 해를 입었지만 호남처럼 심한 데가 없었으니, 이는 실로 주인이 없었던 까닭입니다.

한산도가 이미 깨지고 적병이 남원을 포위하였는데, 오응태吳應台를 전라 방어사로 임명하고 김경로金敬老를 전라 조방장助防將으로 임명한 것은 옳지 않습니다. 신은 당시 임지가 담양부였으므로 김경로가 임명을 받아 부임한 것을 보았는데, 수하에 졸병 하나도 없고 적의 형세 또한 급박하여 군대를 모을 겨를이 없어서 혼자 몸으로 분주히 말을 달려 순찰사한테 가서 편비 두 명을 데리고 복병伏兵이 있는 곳으로 갔을 뿐이니, 이런 때를 당해서야 천하 명장인들 어찌 하겠습니까.

조정에서 관원 하나를 바꾸는 것은 큰일이 아닌 것 같지만, 그 때문에 아래로 충청, 전라, 경상 삼도의 백성들 목숨이 온통 흉포한 적의 칼날 아래 빠지게 되니 큰일이 아닐 수 없으며 나라의 안위가 백

척간두에 서 있으니 더욱이 큰일이 아닐 수 없습니다.

삼가 바라건대 전하께서는 장수 하나를 내실 때에도 신중히 생각하시고 변장 한 사람을 바꿀 때에도 신중히 생각하셔서 문관이든 무관이든 어느 쪽에 국한하지 마시고, 품계와 격식으로 예를 삼지도 마시고, 고루한 신의와 사소한 덕행도 묻지 마시고, 이름난 가문을 택하지도 마소서. 오직 유능한 인재로서 기개와 지략이 있어서 일찍이 왜적과 용감하게 싸워 뚜렷한 공을 세운 자를 택하시어 호남과 영남의 장수로 삼으소서.

장수들이 백성을 침탈하지 말도록 하옵시고

그리하여 바다 연안으로 적이 침범할 수 있는 곳에는 약 백 리마다 큰 진 하나씩 세우고 내륙 지방의 것을 덜어서 여기에 보태게 하소서.

또 장수를 그 자리에 오래 두고 편의를 보아주시어, 송 태조가 곽진郭進에게 서산西山을 열두 해 동안 맡기고 반미潘美에게 안문雁門을 열다섯 해 동안 맡겼던 것처럼 하소서. 공이 있거든 봉록만 더 주시고 죄가 있거든 품계만 깎으실 뿐, 비록 중상비방하는 글이 그득히 들어오더라도 패하여 성을 잃어버린 것 같은 큰 죄가 있은 뒤에야 처벌하소서. 큰 공이 있거든 관작을 높여 등용하시어 원칙으로는 목숨이 다하도록 그 진에서 옮기는 것을 허락하지 마셔서, 관하 민가의 장정들로 무과에 급제는 하였으나 아직 관직이 없는 자나 그 이하 모든 장정이 그의 훈련을 받게 하소서.

논밭에서 나는 것은 위에 바치는 조세를 제외하고는 모조리 군량과 포상으로 돌리게 하시고, 또 절대로 각 아문에서 변방의 사졸과 그 창고의 양곡을 침탈하지 말게 하소서. 그리하여 장수가 날마다 사졸을 훈련하고 무기를 가다듬고 전함을 고치고 성을 보강하여 평소 군무에 충실하다가 위급할 때 각 진의 장수들이 친히 부대를 거느리고 서로 호응한다면 창고에는 양곡이 그득하고 장병들은 서로 믿어 규율이 이미 서 있고 지휘권이 장수 손에 단단히 쥐어 있으니 반드시 졸지에 궁박한 처지에 놓일 걱정이 없을 것입니다.

또 거처가 편안하고 의식이 풍족하고 처첩들이 시중들고 하는 따위의 일들은 인정상 그럴 수밖에 없는 것으로 이는 유식한 사람들도 면할 수 없으니 하물며 무관이겠습니까. 우리 나라 북쪽 변방의 장수들이 사졸의 집에 얹혀살고 있으니 가렴주구로 백성을 침해하는 것도 어쩔 수 없는 일입니다.

연해의 여러 섬들은 땅이 아주 기름질 뿐 아니라 고기잡이와 소금에서 얻는 이익이 논밭에서 나는 이익보다도 높지만 이따금 해변에 사는 토호에게 점령당합니다. 난리를 겪은 뒤에는 고을이 텅 비어 양전옥답이던 것이 그만 쑥대밭이 되어 버렸습니다. 그런데 세도 부리는 자들이 원을 달래거나 위협하여 소유권을 인정받아 농민과 군대에서 도망친 자들을 모아 그 땅을 경작하고 있습니다. 그러나 그들을 징발할 적에도 관리들은 손을 대지 못하고 감히 지적하지 못하는데, 적병이 가까이 왔을 때에 그들은 수레수레 연달아 싣고 바리바리 휘몰아 쉽사리 도망쳐 버리니 난민으로 이보다 심한 자들이 없습니다.

삼가 바라건대 전하께서는 관리를 분명하게 타이르셔서 여러 섬 가운데 어업과 염전이 유리한 곳과 기름진 땅이 있는 곳, 해안 연해의 양전옥답이 쑥대밭으로 변한 곳 등을 공이 뛰어난 장수에게 식읍으로 넘겨주어 떠돌이 백성들을 모아 새로 일구게 하소서. 이리하면 그중에서 장정을 뽑아 군인을 삼을 수도 있고 땅에서 난 곡식을 군량으로 돌릴 수도 있사옵니다. 그리하여 장수가 안정된 밑바탕 위에서 자신의 일생이 보장되고 자손에게 전하게 한다면 한 사람의 부귀뿐만 아니라, 자손 대대로 의식이 보장되리니, 그들이 스스로 지킬 것이고 스스로 나라를 위해 싸울 것입니다. 또한 사졸들도 자연 많아지고 군량도 자연 넉넉해지고 전함도 저절로 갖추어질 것이며, 백성들은 생활이 안정될 것이고 나라는 배로 양곡을 운반해야 할 걱정이 없게 될 것입니다. 이렇게 한 다음에야 성을 지키라고 책임 지울 수 있으며, 이렇게 한 다음에야 적을 방어하라고 책임 지울 수 있습니다. 진실로 성을 잘 지킨다면 토지를 주었다 해서 무엇이 아까우며, 진실로 적을 잘 방어한다면 수입이 많다 해서 무엇이 해롭겠습니까.

대마도주와 소서행장이 일으킨 참화

신이 들으니 평상시 영남 조세의 태반은 동래, 부산에서 왜국 사신이 오가는 데 쓴다고 합니다. 그러나 신이 포로가 되어 왜국에 와 있으면서 왜중한테 자세히 들어 보니 이른바 왜국 사신이란 자는 다 대마도주가 보낸 사삿사람이고 이른바 왜의 국서란 것도 다 대마도주가 지어낸 것으로 이는 일반 왜인들만 모를 뿐 아니라 일기주와 비전주의 여러 장수들도 듣지 못한 일이라 합니다.

대마도에는 밭이라고는 한 뙈기도 없으니 대마도주가 우리 나라를 속이고 쌀을 받아다가 그들의 공사 비용에 충당하여 왔습니다. 일찍이 통신사 김성일金誠一 등이 일본에 왔을 때 왜중이 우리 나라 통역한테서 이 사실을 듣고 대마도주의 허위를 말하려는데 대마도 통역이 진상이 밝혀질까 두려워 얼른 막았다고 합니다.

왜란의 단서를 열어 놓은 것도 모두 대마도주 종의지라는 자의 꾀에서 나온 것입니다. 섭진수 소서행장(고니시 유키나가)은 종의지의 장인인데 종의지는 직접 적의 괴수 풍신수길한테 통할 수 없어 처음에는 소서행장을 통하여 우리 나라의 실정을 세밀히 고하였습니다. 소서행장은 또 자신이 이 일을 맡겠다고 풍신수길한테 청하여 드디어 전쟁을 일으켰습니다. 그러나 오래 끌게 되어 죽은 자들이 많아지니 왜인들도 원망이 뼈에 사무쳐 "이 참화는 실로 섭진수가 빚어낸 것."이라고 하며, 포악무도한 왜장 가등청정도 "조선과의 불집을 일으켜 놓은 자는 섭진수일 뿐."이라고 하였습니다.

소서행장도 급기야 우리 나라의 전투 역량을 보고 자기가 저지른 전쟁이 유리한 결말을 기약할 수 없다고 생각하였으나 하루아침에 군대를 철수시키면 우리 나라에서 종의지를 성토할 것이고 또 무역 통로를 열지 않을 것이므로 힘을 다해 강화를 주장하기에 이르렀으니 이는 실로 종의지를 위한 것이었습니다.

통분스럽기 그지없사옵니다. 한 도 백성들의 피땀 어린 곡식을 온통 실어다가 보잘것없는 한낱 오랑캐 놈의 탐욕을 채워 주고 마침내 그놈의 배신과 모략으로 이렇듯 참화를 입었으니 이 어찌 조세를 삭감하여 장수에게 돌려줌만 하겠습니까.

지리와 성읍 제도를 살펴 고치시길

왜국에 와서 보니 성읍은 반드시 외딴 산꼭대기, 강이나 바다의 언덕을 끼고 있는데, 산꼭대기는 편편하게 닦고 성 밖 사방을 깎아 제아무리 원숭이 같더라도 성에 오를 수 없이 만들었습니다. 성 밑은 넓게 쌓고 차차 위가 빨게 쌓아 올리고는 네 모퉁이에 높은 누각을 짓되 가장 높은 것은 삼층으로 짓는데, 여기가 주장主將의 처소이며 군량과 군기 창고도 다 이 누각 안에 두었습니다.

문 하나에 길 하나씩 내어 출입할 수 있게 하고 문 안에는 모래와 돌을 많이 쌓아 두었으며 성 밖에는 높이 한 길쯤 되게 긴 담을 쌓되 담 안쪽으로 돌아가며 두어 걸음 사이를 두고 포를 쏠 수 있게 구멍을 내었습니다. 그리고 담 밖으로는 깊이 여덟아홉 길이나 되게 해자를 파고 강물을 끌어 대었으며 해자 밖에는 또 통나무 울을 돌려 세웠습니다. 강이나 바다에 임한 곳에는 배들이 잇닿아 꼬리를 물고 떠 있으며 성 밑에 사는 장정들은 날마다 물에 익숙하도록 물놀이를 하고 있으며 정예하고 용감한 사졸들을 성 둘레에 살게 하였습니다.

신이 왜인에게 이러한 성읍 제도에 대하여 물었더니 그 대답은 다음과 같았습니다.

"외딴 산꼭대기를 고르는 것은 우리는 굽어볼 수 있으나 적은 그럴 수 없고 우리의 포와 화살은 내려갈 수 있으나 적의 포와 화살은 올라올 수 없는 까닭이다. 강이나 바닷가를 이용하는 것은 다만 한쪽만 막음으로써 힘을 절반만 들이고도 갑절이나 유리하기 때문이며, 밑을 넓게 쌓는 것은 부수기 어렵기 때문이며, 위가 빨게 한 것은 굽어 살피기 쉽기 때문이다. 문 하나에 길 하나씩 내는 것은 방어와 수비가 나뉘지 않기 때문이며, 문 안에 모래와 돌을 쌓아 두는 것은 만일의 경우에 늙은이와 어린이들도 다 동원하여 가능한 수단을 다하자는 것이다. 또 배들이 잇닿아 떠 있는 것은 수로를 방비하자는 것이며 민가의 장정들이 날마다 물놀이를 하는 것은 물에서의 전쟁을 익히는 것이며 정예한 사졸을 성 둘레에 거주케 하는 것은 갑자기 무슨 일이 생겼을 때 쉽게 편대에 들어갈 수 있게 하자는 것이다."

그런데 우리 나라의 성지城池는 이와는 반대로 되어 있기 때문에 정유년 싸움에서 적들이 호남 지방의 여러 성을 보고는 그 엉성함을 비웃지 않은 자가 없었다고 합니다. 그러다가 담양의 금성金城과 나주의 금성錦城을 보고는 "조선이 이를 굳게 지켰던들 우리가 어찌 이 성을 빼앗을 수 있었으랴." 하였더랍니다. 이는 다 신이 왜를 따라다닌 통역한테서 직접 들은 것입니다.

신은 또 생각해 보니 우리 나라 산성의 형세는 좋은데 고을과는 매우 멀리 떨어져 있으므로 위급할 때를 당해서야 비로소 고을 안의 주민을 몰아 산성으로 들어가게 합니다. 게다가 적의 기세가 좀 누그러지면 어리석은 백성들은 가산을 못 잊어 산성까지 길이 험하고 먼 것을 꺼려 잘 들어가지 않다가, 기세가 이미 급박해지면 늙은이를 부축하고 어린이를 이끌고 허둥지둥 산야로 들어가 숨을지언정 좀처럼 명령을 따르지 않으니 하물며 이웃 주민들이 들어오기까지야 바랄 수 있겠습니까.

지금 호남과 영남의 성읍들이 이미 다 부서졌으니 이를 계기로 삼아 담양부를 금성산성으로 옮기고 근방 몇 고을을 담양부에 소속시키는 것이 좋겠습니다. 그리하여 그 둘레와 읍내 관민들을 받아들여 성안에 살게 하되 옛날 제도와 같이 2무畝 반은 들에, 2무 반은 읍내에 있는 토지를 나누어 주어, 농사 때가 되면 처자는 성 안에 두고 들에 나가 농사짓고 가을걷이 때가 되면 낟알을 거두어 성안에 저장하게 합니다. 그리고 주장主將은 농한기를 이용하여 성을 고쳐 쌓아 적이 침입하면 주민을 동원하여 성에 의지하여 지키게 해야 합니다. 성을 지키는 관원은 반드시 문무를 두루 갖추고 지략이 있어 백성의 생활을 돌보고 군사를 이끌 줄 아는 인재를 골라 임지에 오래 있게 하여 성과를 내게 할 것이며, 채지采地[1]를 봉해 주는 것은 장수의 예와 같이 하소서. 그리고 또 감사나 병마절도사가 영문에 머무르며 임무를 행할 수 있도록 하소서.

담양을 금성산성에 옮기면 좋은 것과 마찬가지로 정읍과 장성을 입암笠巖에 옮기고 동복과 창평을 옹성甕城에 옮길 것이며 또한 영남도 이처럼 한다면 진지가 서로 보이고 성 안팎의 형세가 호응하여 왜적이 감히 전과 같이 대들지 못할 것입니다.

어떤 사람이 혹 "도로가 험하고 멀어 양곡을 내고 들이기가 불편하리라." 한다면 예전처럼 사창社倉 제도[2]를 살려 가까운 곳에서는 바로 읍성에 곡식을 들이게 하고 길이 먼 곳에서는 사창에 들이도록 하여 성중의 양곡은 군량으로 쓰고 사창의 양곡은 민간에게 내주어도 안 될 것은 없을 것입니다.

호남을 두고 말씀드린다면 오직 흥덕과 고부 두 성은 지리상 형편이 매우 좋은데도 두 고을의 수령이나 백성들이 성 지키기를 싫어하

---

1) 토지 수입으로 생활할 수 있도록 일정한 지역을 떼 주는 것. 식읍이라고도 한다.
2) 옛날 각 고을에 설치된 양곡 창고로 백성에게 꾸어 주거나 받아들이는 제도.

여 읍성을 버리고 산성으로 들어가려 하니, 일단 위급해지면 읍성도 산성도 모두 버리리라 여겨져 진실로 가슴 아픕니다.

연해에 진영을 둔 것은 높은 곳에서 적을 살펴보고 적이 바다로 침입하는 것에 대비하여 수전을 연습하는 데 의의가 있습니다. 그러나 평시부터 고질로 된 폐단이 너무도 심하여 아이들 장난처럼 되어 버렸고 첨사나 만호는 다만 군포나 받아서 아침저녁 끼닛거리에 쓸 뿐이며 난리 뒤에는 수졸이 거의 다 죽고 남은 것은 빈 성뿐입니다.

더구나 영암의 주민들이 해남의 포구에 가서 부역하도록 하였고 보성의 주민들이 순천의 산성에 가서 방위하도록 하였으니, 가족들과 떨어지고 오가기 어려워 하루아침에 모두 도망쳐 흩어지면 다시 찾아 들이기도 곤란하니 이 또한 큰 폐단입니다.

이에 대한 대책으로 연해에 있는 작은 진鎭이나 보루들은 다 없애고 바닷가 고을들을 바다 연해의 요해지에 소속시키고 아울러 없애 버린 진이나 보루의 군졸도 소속시켜 반드시 그 고을의 백성들이 그 고을의 성을 방위하는 것을 원칙으로 하소서. 수비하는 군졸에 대해서는 군역 외에 집집이 돌아가는 잡역을 부과함으로써 그의 생활을 위협하는 일은 절대로 말아야 하며, 연해 고을에서는 수전을 연습하는 것 말고는 관가에서 말을 징발하거나 잡역을 부과하지 말아야 할 것입니다. 그리하여 보통 때에는 전함들을 잘 꾸려 바다 가운데 띄워 놓고 성읍의 장정과 수비 군졸들을 모두 모아 조를 짜서 교대로 병기를 준비하고 수전 기술을 훈련받게 할 것이며, 난리가 일어났을 때에는 일제히 통제사에게 소속시킬 것이니 평소 훈련을 하여 사람들이 스스로 싸울 줄 알게 되어 성을 지키고 바다 싸움을 다 잘할 수 있으리라 생각합니다.

왜국의 정세 변화와 동향

살벌한 왜인들

왜인이 서로 부르는 칭호는 '상(樣, 사마)'이나 '전(殿, 도노)'이라 하여 관백부터 서민에 이르기까지 통용되니 오랑캐가 위아래 구별과 위엄이 없는 것이 이렇습니다.

왜장에서 그 노복에 이르기까지 반드시 장검과 단검 두 개를 차고 있어, 앉아서도 누워서도 검을 손에서 놓지 않으니 이야말로 전국시대입니다. 그래서 이른바 역대 섭정이라는 자들 가운데 제명껏 산 자가 적습니다. 동서남북 뭇 왜들이 서로 엎치락뒤치락 오직 힘을 겨룰 뿐인데 적의 괴수 풍신수길은 오로지 권모술수로 휘하 군중을 통제하여, 동방의 장수들을 복견(후시미)에 집합시켜 새 성을 쌓게 하고 서방의 장수는 갈라서 우리 나라에 보내어 싸우게 하되 그들을 교대로 나들게 하여 상부를 침범하며 내란을 일으키지 않도록 하였습니다.

정유년(1597) 6월에는 왜인들이 모두 철수하여 돌아왔는데, 오직 가등청정, 소서행장, 흑전장정, 도진의홍과 용장사, 비전수 전전이 장의 별장別將, 대마도주 등 10여 진陣이 우리 나라에 남아 있다고 합니다.

소서행장과 가등청정

소서행장과 가등청정은 본래 틈이 있었는데 임진년에 전쟁을 일으킨 이래 두 놈 사이의 불화가 더욱 깊어져서 적의 괴수 풍신수길까지도 애써 화해시키려 하였으나 그래도 끝내 풀리지 않았사옵니다. 가등청정은 소서행장을 보면 으레 성난 태도로 으르렁거리지만 소서행장은 겉으로는 화색을 보이며 대응한다고 합니다.

옛적 모사들은 서로 믿는 군신과 틈 없는 두 장수도 어떻게든 이간질하여 싸우게 했는데 하물며 적장 두 놈의 불화가 이렇듯 심한데도, 두 놈의 틈을 이용해서 저희끼리 싸우도록 이간질도 하지 못하였으니, 우리 나라 장수야말로 무능하다고 아니 할 수 없습니다.

농민 약탈

왜국에서 농민만 검을 차지 않습니다. 영주한테 토지를 받아서 농사를 지을 뿐입니다. 한 치의 땅이라도 벼슬아치에게 속하지 않은 땅은 없습니다. 농민은 한 마지기 땅을 부쳐서 으레 쌀 1곡을 바쳐야 하는데 우리 나라 말로 따지면 왜국의 1곡은 25말이나 되옵니다. 토지 소출을 다 긁어내고도 모자라면 꾸어 주는 식으로 받아 가되 그래도 모자라면 자녀를 노비로 바치게 하며 그러고도 모자라면 옥에 가두고는 가혹하게 약탈하여 채워 넣은 뒤에야 풀어 줍니다.

그러므로 농민들은 풍년이 들어도 다만 쭉정이나 얻어먹을 뿐, 산에 올라 고사리를 꺾거나 칡뿌리를 캐어 살아가며 또 번갈아 관부에 들어가 숙직도 서며 땔나무도 해다 주고 물도 긷곤 하니 왜 중에서 제일 불쌍한 건 농민입니다.

왜장들은 자기 나라 백성들에게 하던 버릇대로 다른 나라 백성에게도 하고 있어 비록 하루만 일부 지역을 차지하더라도 그렇게 하고 있으니 변방 연해의 백성들이 가위눌린 듯 살고 있습니다.

왜국의 형편이 정예군은 모두 성읍에 몰려 있고 농민들이 가진 것이라고는 농장기뿐이니 명령을 받들 수밖에 없습니다. 그러나 때로는 무리를 모아 주, 현을 쳐부수므로 우리 나라를 침범할 때 성읍 군대의 절반은 남겨 두어 만일에 대비케 하였으니, 백성들을 두려워하는 것이 이와 같습니다.

도깨비 같은 왜적

왜들은 창, 검, 갑옷과 투구, 깃발, 장막, 선박 등을 매우 간편하고 화려하게 하는 것이 특성입니다. 흔히 범의 가죽과 닭의 꼬리로 군복을 만들며 또 금빛, 은빛으로 탈을 만들어 말 머리에 씌우거나 놈들의 상판에 쓰고는 온갖 해괴한 꼴을 다 꾸며 가지고 사람의 이목을 어리게 하려 듭니다. 신은 처음 그 꼴을 보고 참으로 우스웠으나 임진년 후퇴한 우리 군대들은 모두 호랑이, 도깨비가 한꺼번에 덤벼든다고 기가 질려 버렸다고 합니다.

아아, 한스러운 일은 죽은 범의 가죽과 죽은 닭의 꼬리가 어찌 사람을 죽일 수 있으며 나무로 만든 사람의 낯짝과 나무로 만든 말의 상판이 어찌 사람을 죽일 수 있겠습니까. 요컨대 우리 나라 진영의 지휘 명령이 죽은 범, 죽은 닭, 나무 사람, 나무 말의 위풍만도 못하였다는 것입니다.

왜인은 대체로 키가 작고 힘도 없습니다. 우리 나라 남자가 왜와 같이 씨름을 하면 왜는 매양 지곤 합니다. 그들이 '삶'을 가볍게 여기고 '죽음'을 아끼지 않는다는 것도 실은 사람마다 그런 것도 아닙니다. 정유년(1597) 가을부터 무술년(1598) 초여름까지 왜군이 우리와 싸우면서 사상자가 매우 많이 났기 때문에 군대를 더 징발케 되니 모두 울면서 떠났습니다. 그중에는 집을 버리고 도망하는 자까지 생겨 그 어미와 처를 가둬서 강제로 입대시키기도 하였으며 또 총을 쏠 줄 아는 자는 열에 두셋인데 그마저도 제대로 쏘는 자는 매우 적었습니다.

아아, 애석할손, 우리 나라의 정예한 병마. 능숙한 사격술로 왜놈의 보잘것없는 병장기에 패할 수 있사오리까. 어찌 한 하늘 아래 나라의 원수를 그저 두오리까. 어찌 적에게 자녀를 희생시키고도 목숨 바쳐 싸우기를 주저하오리까. 신같이 포로가 되어 구차히 산 자는 그 죄를 기다릴 것도 없이 만 번 죽어 마땅합니다.

무술년(1598) 여름에 적병이 영남 언저리에서 돌아와 이구동성으로,

"일본 검은 그저 몇 걸음 안에서만 쓸 수 있지만 조선의 화살은 멀리 수백 보 밖까지 미치니 만일 조선이 힘써 싸우기만 하였다면 우리가 감히 맞붙기 어려웠을 것이야."

하였다 합니다.

신의 나약하고 용렬함은 누구에게도 비할 데 없으리라 생각되나 귀와 눈으로 듣고 본 바 있으니 진실로 신이 훈련된 병사 수천만 얻을 수 있다면 신도 또한 나라에 이바지할 수 있을 것입니다.

항복한 왜군에 대하여

항복한 왜군을 죽이는 것은 매우 큰 잘못입니다. 이는 다만 사람의 도리로 그럴 수 없다는 것뿐이 아닙니다.

저 왜군의 신세를 본다면 그들은 겨우 강보를 벗어나 장수 집의 머슴살이로 입에 풀칠이나 하면서 평생 부모 형제도 보지 못하고 고향에도 가 보지 못하고 왜장을 따라 사방으로 전쟁터에 나가 언제 죽을지 모르는 싸움을 하며 암담한 나날을 보내 왔습니다. 그들은 처자가 있더라도 얼굴조차 대하기 쉽지 않습니다. 그러므로 오직 왜장이나 농민들만 처자가 있을 뿐 그 밖의 많은 이들이 처자가 없으니 고향을 생각하거나 부모 처자를 그리워하는 마음이 조금이라도 있을 리 없고 그저 안정된 생활을 바랄 뿐입니다. 그들은 우리 나라의 땅이 기름지고 옷과 음식이 풍족한 것을 보고는 자기 나라의 법이 가혹하고 전쟁이 계속되는 것을 원망하여 늘상 서로들,

"조선은 정말 낙원이지! 일본은 참으로 살기 힘든 나라야."
하는데, 우리 편의 어떤 사람이 그 말을 받아,

"우리 나라는 항복한 왜군을 환대하여 은정으로 돌보아 주니 음식과 옷이 너희 장령급과 같고 간혹 삼품의 녹봉을 받는 자까지도 있다."
하고 선동하면 듣는 자들이 모두 입을 벌리고 감탄해 마지않으며 진

심으로 귀순하기를 원한다 합니다.

　신이 본 것에 따르면 우리 나라에서 계사년(1593)과 갑오년(1594) 이래 항복하여 넘어온 왜군을 죽이기도 많이 하였는데, 이미 귀순한 이상 잘 품어 지도한다면 도망할 리가 없습니다. 원컨대 전하께서는 여러 장수들에게 밝히 하교하셔서 이미 항복한 왜군들에게 옷과 음식을 풍족히 주어 은혜와 신의로 복종하게 하고 또 통역과 항복한 왜군 등을 왜군 진영에 잠입시켜 왜군을 계속 유인해서 투항케 한다면 귀순자가 날마다 수십, 수백, 수천으로 늘 것입니다. 이는 다만 적의 날개깃이 자꾸만 떨어지는 것이 될 뿐 아니라 교전할 때에는 왜의 장점으로 왜의 장점을 치며 우리의 장점으로 적의 단점을 치는 것이니 결코 승리하지 못할 리가 없을 것입니다. 중국의 전략에서 오랑캐로 오랑캐를 치는 것이 상책이라는 것도 이것을 말하는 것입니다. 스스로 투항해 오는 용감한 왜군들을 죽여 왜장들의 마음만 편하게 해 줄 까닭이 있습니까.■

■ '왜국의 지리와 군제' 부터 여기까지는 이예주에 있을 때 기록한 것으로 무술년(1598)에 김석복金石福 편에 부친 것이다.

풍신수길의 죽음

적의 괴수 풍신수길은 무술년(1598) 3월 그믐께 병들어 여름에 가서는 위독해졌습니다. 그때 그의 아들이 겨우 여덟 살이었는데 그는 자기가 반드시 죽으리라는 것을 예감하고 여러 장수를 불러 뒷일을 부탁하는 등 조치를 취하고는 7월 17일 드디어 죽었습니다.

덕천가강(도쿠가와 이에야스) 등은 풍신수길의 죽음을 비밀에 부쳐 알리지 않았으며 시체의 배를 갈라 그 속에 소금을 채워 넣고는 시체를 나무통에 앉히고 평시에 입던 관복을 입혀 놓았으니 여러 장수들도 그가 정말 죽은 줄 알 수 없었습니다.

그러다가 8월 그믐께 가서야 비로소 더는 숨길 수 없어 조용히 상을 치렀으니, 나라에 무슨 변이 생길까 걱정해서였습니다. 어떤 사람은 말하기를, 가등청정 등이 전에 여러 장수들이 모두 모여 맹약한 회합에 참가하지 않았으므로 창끝을 돌려 댈까 걱정되어 풍신수길의 병세가 위독하다 하고 그들을 불러 동향을 살폈다고 합니다.

풍신수길의 죄악

정유년에 다시 쳐들어왔을 때 적의 괴수 풍신수길은 여러 장수에게 이런 명령을 하였습니다.

"사람마다 귀는 둘이 있어도 코는 하나이니 너희는 마땅히 조선 사람의 코를 베어 머리 대신 바칠지어다."

이리하여 왜군 한 놈이 코 한 되씩을 소금으로 절여서 풍신수길에게 보냈는데 코의 수량이 다 찬 뒤에야 사로잡는 것을 허락하였다고 하니, 적의 살육은 이 때문에 더 심하였다고 합니다.

보내온 코는 풍신수길의 검열을 거친 다음 이를 모아서 10리쯤 되는 북쪽 교외에 갖다 묻어 놓다라니 언덕을 이루었는데, 그런 지 한 해도 되기 전에 소금으로 또 제놈의 배때기를 절이게 된 것입니다.

풍신수길이 죽은 뒤의 정세

풍신수길이 죽은 뒤 좌도라는 자가 저희를 옮겨 왜경에 두었사옵니다. 그래서 덕천가강 등이 선박을 대규모로 동원하여 우리 나라 거제도 등지에 있는 군량을 전부 실어 오게 하고 또 우리 나라 연해의 주민과 상점, 물품 등을 온통 실어 오게 했다는 것과 또 치부소보 석전삼성(石田三成, 이시다 미쓰나리)에게 급히 가등청정을 철수시키게 했다는 소문을 들었습니다.

그런 지 여러 날이 되자 비사*가 빠른 배를 타고 부산을 떠나 이

---

* 왜는 급한 일로 보내는 사자를 비사飛使라고 한다.

레 만에 왜경에 도착하였는데 그는 곧 가등청정의 사자였습니다. 가등청정의 말은 이러하였습니다.

"중국 함선과 조선 병선들이 서해 바다를 덮어 들어와서 우리 군대가 차지한 성 열여섯 개소가 거의 다 포위되었으니 내가 아침저녁 사이에 죽게 될 형편이다. 만일 원병이 빨리 나오지 않는다면 나는 내 손으로 배를 갈라 남의 칼날에 죽지 않으려 한다."

이때 석전삼성도 비전주에 묵고 있었으나 감히 우리 나라로 건너가지 못하였으며 덕천가강 등은 날마다 장수들을 모아 놓고 대책을 의논하였으나 결론을 얻지 못하였습니다.

신은 캄캄한 지옥 속에 떨어져 있는 듯, 밝은 세상의 일을 똑똑히 알지 못한 채 해를 넘겼으니 군사상 미묘한 변화를 어리석은 소신이 멀리서 억측할 수 없으나 때로 포로들 중에서 좀 지략 있는 사람들과 상의하여 보기도 했습니다.

"이때 급히 여러 병영을 통하여 우리 나라 각지에 흩어져 있는 중국군도 모두 출동시키려니와 우리 나라의 관병과 의병 모든 군대를 총출동시켜 적의 진영과 십 리쯤 거리를 두고 에둘러 진을 치고 교대로 갈마들어 싸워서 왜적이 숨 돌릴 틈이 없게 해야 한다. 해군은 적의 후방을 에둘러 차단하고 바다에 출몰하되 절대로 적이 있는 성 밑까지는 다가가지 말고 적이 헤어날 수 없는 궁지에 빠지게 할 것이며, 그리하여 우리 함선들은 해상 봉쇄 태세만 취하고 있다가 적이 저들의 소굴을 잃고 갈팡질팡할 적에 그 뒤를 다우쳐 조각배 한 척도 살아 돌아가지 못하게 하여 나라의 만세 치욕을 씻을 것이다."

라고들 한결같이 말하니, 이는 실로 정책 중 상책이라고 생각합니다.

신이 자세히 알아보니 가등청정 등의 군대는 각각 수천 명 미만이고 오직 도진의홍의 군대가 8천인데 수 년간 전투에서 죽거나 다친 자가 태반이어서 아군과는 수가 벌써 뚜렷하게 차이 나고, 싸움의 주도권도 이미 우리가 장악했으니 우리가 실패할 리는 없다고 봅니다.

가등청정 등이 제아무리 흉맹하다 해도 고립무원의 가련한 객이 되어 오래가지 못할 것입니다. 또 그의 영지가 다 비전주, 비후주, 구주九州에 있어서 그의 성지며 백성, 창고, 금은 등이 또한 다 거기에 있습니다. 이는 그의 근거지이니 그가 우리 나라의 울산이나 순천을 탐낼 겨를이 없을 것입니다. 그는 자국의 내분과 영주들의 야심을 염두에 두고 있는데 지금 그의 처지로 보나 전쟁의 정세를 보나 앞으로 나아가도 얻을 바 없겠고 뒤로 물러서자니 의지할 데가 없습니다. 그러므로 급급히 철수하여 귀국하려는 것이 그의 본마음입니다. 다만 아무 까닭 없이 철수하는 것이 장부답지 못할 뿐 아니라 우리 군대가 뒤를 밟아 제대로 돌아가지 못할 것을 걱정하고 있을 뿐입니다. 그리고 또 왜국의 여러 장수들 가운데 나와서 구원하고자 하던 자들도 다 자기 뒤를 생각하여 남을 건지려다 자기가 도리어 함정에 빠져 끝내 돌아가지 못하게 될까 걱정합니다.

그러나 소서행장 그놈은 아직도 종의지란 자를 위하여 굳이 휴전협정을 맺고서야 군대를 철수시키려 합니다. 지금 이놈이 강화를 요구하는 교섭을 막아 버리고 육군은 각 요해지에 주둔하여 저들이 응원하러 오는 길을 막는 한편 해군은 또한 요로에서 때때로 빠른 배로 출몰하면서 저들을 습격하여 배겨 내지 못하게 해야 합니다. 그리하여 궁지에 빠진 저들이 도망하려 하거든 저들에게 돌아갈 길을 열어 주고는 이내 그 뒤를 밟아 대마도까지 쫓아가 놈들에게 큰 타격을 주어 다시는 조선에 올 생각을 못 하게 할 것이니, 이는 실로 지금의 정책 중 중책이라고 생각합니다.

전쟁, 이것은 이놈들의 장기입니다. 또 교전한 이래 왜장부터 보통 왜놈에 이르기까지 우리 나라에 오간 자들이 열에 여덟아홉은 다 우리 나라의 사정과 성터의 형편과 토산물의 소재 등을 자세히 알고 있기 때문에 군침을 흘려 차지하려는 마음을 잠시도 버리지 않고 있는데 더욱이 가까운 거리가 그들의 야망을 자극하였습니다.

본래 대마도주는 우리 나라에서 보내는 양곡과 그 밖의 것들을 혼자 먹는 데 맛을 붙였기 때문에 왜국 조정에 조선과는 거리도 멀고 파도가 험악하다고 대답해 왔습니다. 그러다가 종의지가 풍신수길에게 잘 보이려고 조선과 거리 관계 등을 사실대로 일러바쳤습니다.

대마도에서 부산까지 물길로 하룻길, 일기에서 대마도까지도 하룻길, 비전에서 일기까지는 하룻길도 못 됩니다. 지금 놈들이 비록 패하여 물러나더라도 수십 년 뒤에는 또다시 야심을 낼 것입니다. 왜놈들은 맹약을 중히 여기므로 그들과 맹약을 맺으면 혹 백 년 동안 평화는 보장할 수 있을 것입니다. 지금 천벌로 적의 괴수 풍신수길이 죽은 뒤 덕천가강, 모리휘원 들이 평화를 원하고 있습니다. 이 기회에 그들의 강화 요청을 이용하여 전하께서 글을 내리시되,

"강화를 요청하는 것이 진실로 너희 군신의 성의에서 나왔다면 너희 군대는 모름지기 대마도 등지로 물러가고 따로 전임 사자를 보내라. 이때 우리 국경에 군사를 두지 말고 맹약과 선린을 구할 것이며 너희 사자가 와서 맹약이 성립되면 우리 나라에서도 마땅히 보빙사報聘使를 보낼 것이다."

하신다면 적은 강화에 급급하여 기필코 이내 들을 것입니다. 이리

되면 나라 백성들이 안도하고 전쟁의 고난에서 벗어날 뿐 아니라 지난 2백 년 이래 왜적에게 끌려가 고난에서 신음하고 있는 우리 백성들도 범의 굴을 벗어나 고국의 따뜻한 품으로 다시 돌아오게 될 것이니 이는 실로 정책 중 최하 계책입니다.

이상의 정세는 다 신 등이 직접 본 것으로 감히 풍문을 가지고 아뢰는 것이 아니니, 조정에도 의견을 물으시고 중국 조정에도 연락하시어 때를 따라 변화하고 정세를 보아 신중하게 처신하여 이 세 방책에서 하나를 취하소서.

이엽의 비장한 죽음

전라 좌병영 우후 이엽李曄은 가등청정에게 사로잡혔습니다. 가등청정이 그를 풍신수길에게 보냈더니 풍신수길이 그를 자주 불러 보며 그의 수염을 쓰다듬기도 하고 그의 등을 어루만지기도 하다가 경망하게 뜀뛰기로 자기의 용맹을 보이기도 하였습니다. 그 뒤 풍신수길은 처소를 대장大藏이란 놈의 집으로 정해 주고는 비단옷을 입히고 잘 대우하였습니다.

그러나 이엽은 개연히,

"내 어찌 네 비단옷에 팔릴까 보냐."

하고, 4월에 드디어 왜말을 알고 기개 있는 용사들과 뜻을 모아 풍신수길이 준 은전으로 배를 사서 서해로 나갔습니다. 며칠 만에 대장이 이를 알고 병사를 풀어 바다로 육지로 뒤쫓았습니다.

이엽 등이 비후주의 토모土毛에 이르렀을 때였습니다. 뒤에 군사가 이미 닥쳐온 것을 알자 이엽은 결연히 검을 뽑아 스스로 찔러 검

끝이 등 뒤로 꿰뚫어 나온 채 바다 가운데로 몸을 던졌습니다. 다른 배에 있던 사람들도 스스로 찔러 죽거나 붙잡혔습니다. 또 왜적은 이엽의 시체를 건져 내어 체포된 사람과 함께 왜경에 가져다가 모두 수레에 걸어 찢어 죽였습니다. 우리 나라 남녀들은 이 말을 듣고 눈물을 흘리지 않는 이가 없었으며 글을 지어 제사까지 하였습니다. 신은 나중에 왜경에 도착하여 이엽의 비장한 죽음을 들었는데 그는 나라를 사랑하는 열렬한 장부였습니다.

사지에서 살아나

소서행장이 중국에서 파견한 사신을 붙잡아 두어 화천(和泉, 이즈미)의 계뽀라는 곳에 숙소를 정하고 자기 형의 아들인 장우위문을 시켜 숙소를 지키게 하였습니다.

신은 밤을 타서 몰래 나와 임진년에 포로로 온 신계리, 임대홍 등과 함께 그 사신을 찾아가 문지기에게 뇌물을 주고 들어갔습니다. 사신은 신을 보고 몹시 동정하여 통역을 불러 신이 포로가 된 곡절을 물었습니다. 또 음식을 권하며 얼마 동안 이야기하고 있을 때 감시하는 왜놈이 이를 알고 신을 끌어내어 어두운 방에 묶어 두고 또 따로 신계리 등을 묶어 다른 데 두었는데 아마도 신이 왜국의 비밀을 사신에게 일러 줄까 생각한 모양이었습니다.

이때 양산 사람 백수회白受繪가 임진년에 포로로 와 장우위문 집에 있었는데, 해 질 녘에 신 등의 목을 베어 매달 것이라는 말을 듣고 왜중과 함께 여러 가지로 힘써 구해 내려고 노력하였고 사신도 거듭 타일러 신 등의 결박을 풀고 복견으로 돌려보냈습니다.

그 뒤부터는 우리 나라 사람은 사관을 출입하지 못하게 되었으며 사신도 반드시 왜가 허락한 사람만 사관에 두었다가 우리 나라에 데리고 나가려 한다고 하였습니다.

무기를 날카롭게 갖추시옵고

병법에 이르기를 "무기가 날카롭지 않으면 이는 아군을 적에게 희생물로 주는 것."이라고 하였습니다.

신은 왜국에 온 지 세 해 동안에 군기와 창검 등을 갈고 닦고 고치는 것으로 일을 삼는 왜놈들을 날마다 보았습니다. 그들은 반드시 천 년이나 된, 옛날부터 전해 오는 검이라야 최상으로 치고, 다음으로는 6~7백 년 된 것을 좋게 치며, 만든 지 몇 해 되지 않은 것이면 다 쓸데없다고 버려두고 거들떠보지도 않습니다. 왜놈들이 새로 만든 검도 오히려 쓰지 못한다고 치워 두거든 하물며 우리 나라의 새 검이야 말할 게 있겠습니까.[1] "아군을 적에게 희생물로 주는 것."이란 말이 이상할 것 없습니다.

전쟁 이래 항복해 온 왜병 중에는 반드시 검을 볼 줄 알고 검을 만들 줄 알고 검을 불릴 줄 아는 자가 있을 것이니, 그들에게 신임을 두터이 하고 대우를 잘하여 날마다 좋은 검을 만들게 하는 한편, 부산에서 만일 전처럼 호시(互市, 국가간 물물 교환)를 열게 되거든 통역 중 검을 볼 줄 아는 자에게 값진 물건을 많이 싣고 가서 사들여 오게 하여 위급할 때 쓰게 하면 좋을까 합니다. 그러나 이는 장수 한 사

---

[1] 검 만드는 기술이 부족하였기 때문이다.

람이 해야 하는 것이오니 요컨대 적임자를 얻어야 합니다.

　아아, 백 번 듣는 것이 한 번 보는 것만 못하다고 하지 않습니까. 신이 전후 기록한 것은 실로 심혈을 다 기울인 바이오며 직접 본 것입니다. 그리하여 피를 섞어 이를 봉해 자나깨나 잊지 못하고 부칠 길을 꾀하였습니다. 마침 중국 사신의 귀환을 인연으로 두 벌을 써서 한 벌은 중국 사신에게 부치고 또 한 벌은 우리 나라 사람인 신정남 辛挺南 편에 부치니 가는 길에 혹 어찌 될까 걱정되기 때문입니다.

　원컨대 전하께서는 신이 구차히 살아 있음이 체통 없다 하여 신이 드리는 글마저 버리지 않으신다면 나라를 위하여, 백성을 위하여 행여 기여함이 있을까 합니다.

■ '풍신수길의 죽음' 부터 여기까지는 전에 김석복 편에 부친 것으로 복건성에 있을 때 기록한 것인데 기해년에 또 이를 왕건공王建功 편에 부쳐서 마침내 임금께 올렸다.
　이 봉소는 전후 세 벌을 부쳤다. 무술년 이예주에 있을 때 김석복에게 주어 보낸 것이 한 벌이고 기해년 복건성에 있을 때 왕건공에게 주어 보낸 것이 또 한 벌이고 신정남에게 다시 써 주어 보낸 것이 마지막 한 벌이다. 신정남 편에 부친 것은 전달되지 못하고 왕건공이 가져간 것만 홀로 조정에 전달되었다. 그리하여 임금께서 깊이 찬탄하셔서 이를 비변사에 내리셨다. 김석복은 신축년(1601) 가을에야 비로소 귀국하여 그 봉소를 체찰사 이덕형에게 주었는데 "강항이 이미 살아 돌아왔으니 이 소장은 올릴 필요 없다." 하고 김석복에게 도로 주었다고 한다.

내가 듣고 본 적국 일본

〔賊中聞見錄〕

왜국의 정세를 보니 우리 나라에서 대책을 마련하기 위하여 꼭 조정에서 명철하게 통찰해야 하고 또 왜놈의 실정에 비추어 우리의 정책을 적절히 마련해야 하기에, 현재 왜놈의 정체와 그에 기초한 세 가지 방책을 갖추 기록하였다.

왜국의 관직 제도

제왕(천자)은 곧 왜 황제이다. 머리를 깎지 않고 집에서 나오지 않으며 보름 전에는 고기가 들지 않은 음식을 먹고 보름 후에는 생선이 든 음식을 먹는다.

전대에는 위복[1]이 왜황에게 있으며 섭정, 관백, 대납언 등의 관직을 두어 정사를 대신하게 하였다. 중세 이후로는 섭정 등이 국권을 마음대로 농락하여 왔다. 그리하여 천황의 호령은 궁성 밖을 나가지 못하기 때문에 봉행 한 사람을 두어 궁성 안팎을 살피게 할 뿐이다. 풍신수길이 집권해서는 덕선원德善院 전전현이(前田玄以, 마에다 겐이)가 왕경(서울)의 봉행이 되었는데, 봉행이란 수행을 맡은 이의 칭호이다.

섭정(전하)
관백關白(전하)

---

1) 위복威福은 상벌 따위를 비롯한 국권 행사.

장군將軍(막부幕府)

대정대신大政大臣(대상국大相國)

대납언大納言(아상亞相)

중납언中納言(황문黃門)

소납언小納言(급사給事)

재상宰相(삼의三議)

이위貳位(특진特進)

삼위三位(삼품三品)

좌우대변左右大弁(상윤尙尹)

좌우중변左右中弁(낭중郎中)

좌우소변左右小弁(원외랑員外郎)

시종侍從(습유拾遺)

좌우대장(막하幕下)

중장中將(우림羽林)

소장小將(우림羽林)

검비위사檢非違使(대리大理)

중무中務(중윤中尹)

판윤判尹(정위廷尉)

외기外記(외사外史)

내기內記(주하柱下, 내사內史)

봉전縫殿

식부式部(이부吏部)

대학大學(좨주祭酒)

치부治部(예부禮部)

병부兵部(평부平部)

형부刑部(토부討部)

민부民部(호부戶部)

궁내宮內(사농司農)

소부掃部(쇄소灑掃)

아악雅樂(대악大樂)

현번玄蕃(홍려鴻臚)

대장大藏(대부大府)

직부織部(겸직염서兼織染署)

대선대부大膳大夫(광록光祿)

목공木工(장작匠作)

대취大炊(대창大倉)

주전主殿(상창尙倉)

전약典藥(대의大醫)

채녀采女(채녀采女)

탄정彈正(상대霜臺)

좌우경左右京(경조京兆)

주마主馬(구서廐署)

좌우左右(위부衛府)

장감將監(신위新衛)

좌우위문左右衛門(금오金吾)

좌우마左右馬(전작구전作廐)

병고兵庫(무고武庫)

좌우병위左右兵衛(무위武衛)

수리修理(장작匠作)

감해유勘解由(향감向勘)

수수帥(도독都督)

대무大武(대경大卿)

대력帶力(월법月法)

도서圖書(저윤抵尹)

준인準人(포의반布議反)

주계主計(탁지度支)

주세대사主稅大使(이천석二千石)

권수權守(판관대判官代)

감물監物(성문랑城門郎)

주수主水(상림서上林署)

대사大舍(문복門僕)

전대에는 관직을 가진 자가 그 직무를 담당하였으나 중세 이후로는 관직이 있는 자에게 토지를 나눠 주어 관직은 다만 이름뿐 직무는 행하지 않는다.

근래에는 관명과 주명州名으로써 사람의 이름을 삼게 되어 심지어 왜장 집의 하인들까지도 모두 높은 관명과 주의 우두머리 칭호를 가졌다.

왜국 8도 66주

용명用明 천황 때 5기畿 7도道로 정하였고 문무 천황 때 66국으로 나누었다.

왜중의 기록이 혹 문맥에 맞지 않는 것도 있지만 본문에 의거하지 않으면 그 실정을 잃을까 하여 모두 원문 그대로 베꼈으며, 주의 끝마다 새로 듣고 본 것을 덧붙여 참고하기 편하게 하였다.

기내幾內 5국(54군)

○산성山城(옹성雍城, 심주尋州)
상上.▪ 8군 : 을훈부乙訓府, 갈야葛野, 애탕愛宕, 기이紀伊, 우치宇治, 구세久世, 철희綴喜, 습락拾樂▪
남북이 백여 리이다. 고적이 많고 약초가 많다. 무엇을 심으면 백

▪ 상上은 토질이 상등임을 이르는 것이다.
▪ '습락拾樂'의 '습拾'은 '상相'으로도 쓴다.

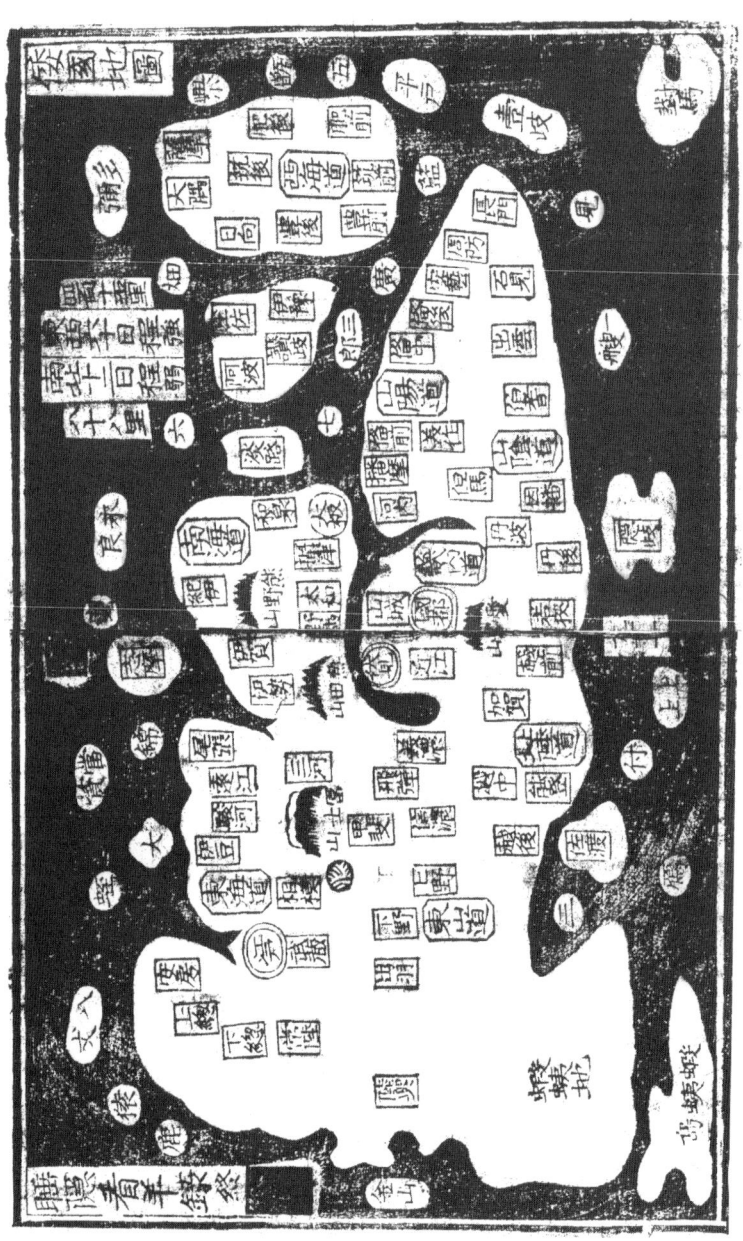

강항이 적장의 아버지에게 얻어 필사한 왜국 지도. 8도 66주와 둘레 섬이 다 나와 있다.

배나 나며, 맛은 달다. 대상상국大上上國이다.

왕경과 풍신수길이 복견에 쌓은 신성新城이 여기에 있다.

○태화太和(화주和州)

대大. 15군 : 첨상添上, 첨하添下, 평부平部, 광뢰廣賴, 갈상葛上, 갈하葛卜, 인해忍海, 우지宇智, 길야吉野, 우타宇陁, 성상城上, 성하城下, 고시高市, 십시부十市府, 산변山邊

남북이 2백 리 남짓하다. 산이 에둘러 있고 산물이 다른 주의 열 배나 되며 명승과 유적이 많다. 대상상국大上上國이다.

왜의 남쪽 도읍이 여기에 있다. 옛날에 왜왕이 여기에 도읍하고 나라 이름을 '화국和國'이라고 했다. '야마대野馬臺'라고도 하는데, '야마대'는 중국 옛날의 양 무제가 이름 붙인 것으로 뜻은 왜국 사람들이 경박하여 마치도 야생마 놀듯 하기 때문이다. 왜인들이 지금도 '대화'를 '야마대'라고 한다. 절이 480여 곳이 있는데 매우 화려하다.

증전장성增田長盛이란 자가 봉행으로 식읍이 30만 석이며, 신장준하수新庄駿河守란 자는 3만 석, 지전 손사랑池田孫四郎이란 자는 2만 석이다. 땅이 기름져 여기서 나는 쌀은 매우 희다.

○하내河內(하주河州)

대. 15군 : 금군錦郡, 석천石川, 점시占市, 안복부安福府, 대현大縣,

■ 대상상국大上上國의 '대'는 큰 고장임을 이르는 것이며, 상은 토질이 좋음을 이르는 것이다. 아래의 기록도 다 이러하다.

고안高安, 하내河內, 찬량讚良, 자전茨田, 교야交埜, 약강若江, 삽하澁河, 지기志紀, 단북부丹北府, 단남丹南

사방이 이틀 길이다. 둑, 늪, 우물 따위가 많으며, 씨앗을 뿌리면 다섯 배는 거둘 수 있다. 저자와 점포도 많다. 대중국大中國이다.

영구靈龜 2년(716)에 하내 대조군大鳥郡을 떼어내고, 신호神護 경운慶雲 4년(707)에 하내 도국島國을 폐지하였다.

풍신수길의 여러 소장령들이 식읍을 나누어 가졌다.

○ 화천和泉(천주泉州)

하下. 3군 : 대조大鳥, 화천和泉, 일근日根

남북이 백여 리이다. 산을 등지고 바다를 안았으므로 차고 습한 기운을 받아 오곡이 잘 안 된다. 장, 젓갈, 생선, 자라 같은 것이 많다. 대하국大下國이다.

소출 파마수小出播摩守와 석전 목공두石田木工頭의 식읍이다.

○ 섭진攝津(섭주攝州)

상. 13군 : 주길住吉, 백제百濟, 동성東城, 서성부西成府, 팔부八部, 도하島下, 도상島上, 풍도豐島, 하변河邊, 무고武庫, 토원兎原, 유마有馬, 능세能勢

이틀 반 거리이다. 황성皇城을 끼고 바다를 안았다. 남쪽은 따뜻하고 북쪽은 춥기 때문에 오곡이 먼저 익으며 해산물도 많다. 대상국大上國이다. 왜국의 서경西京인 대판(오사카)이 여기 있다. 세 강을 끼고 큰 바다를 굽어보니 지세가 복견보다 뛰어나다. 토지는 다 관백에게 속해 있다.

동해도東海道 15국(134군)

○이하伊賀(이주伊州)

하. 4군 : 하배부河拜府, 산전山田, 이하伊賀, 명장名張

사방 하룻길이다. 동남쪽은 바다이고 북쪽은 산이 많아 따뜻하기 때문에 풀과 나무, 대나무가 많다. 소상국小上國이다.

토지 소출을 통정씨筒井氏가 갖는데 그는 대화大和의 큰 성바지이다. 일찍이 순경順慶이라는, 매우 용맹스럽고도 사나운 자가 있었는데 풍신수길이 그를 독살해 버리고는 아들을 이하에 옮겨 식읍을 주었는데 이가 통정이다. 장속정가長束正家의 아우인 이하수伊賀守와 나누어 가졌다.

○이세伊勢(세주勢州)

대. 16군 : 상명桑名, 조명朝明, 영록鈴鹿, 하곡河曲, 일지壹志, 암예菴藝, 다도多度, 금도錦島, 어좌도御坐島, 원변員弁, 삼중三重, 안농安濃, 반고飯高, 반야飯野, 도회渡會, 다기多氣

남북이 사흘 길 남짓하다. 산과 바다가 잘 조화되어 풍경이 좋은 주이므로 이 나라 사람들이 좋아한다. 토지가 비옥하여 공납도 많다. 하나를 심으면 백을 거둔다. 대대상국大大上國이다.

경극京極의 식읍이다. 여기에 이세 대명신궁伊勢大明神宮이 있어 주민들이 자기 부모 섬기듯이 위한다. 토산물은 백금이다.

○지마志摩(지주志州)

하. 2군 : 답영答英, 지우부志虞府, 옹도甕島

이 가운데 한 군은 이세 땅이다. 사방 한나절 길이다. 한 군과 '지주志州'가 합하여 한 국이 되었으며 해조류가 많다. 하하국下下國이다.

구귀 대우수九鬼大隅守 부자의 식읍이다.

○미장尾張(미주尾州)

하. 9군: 해부부海部府, 중도中島, 우율羽栗, 단우丹羽, 춘일부春日府, 산전山田, 애지愛智, 지다智多, 당자도當賁島

남북 사흘 길이다. 토양층이 두껍고 비옥하여 씨 뿌린 것의 천 배는 거두며 명승지도 많으니 대상국이다.

복도 대부福島大夫의 식읍이며, 군소 장수들이 나눠 차지하였다.

○삼하參河(삼주參州)

상. 8군: 벽해碧海, 하무賀茂, 액전額田, 번두籓頭, 보반부寶飯府, 팔명八名, 설악設樂, 악미渥美

동서가 하루 반 길이다. 산과 강이 많고 토양층이 얕아 한 자밖에 안 되므로 오곡이 잘되지 않으니 하하소국下下小國이다.

생전 삼좌위문生田三左衛門과 전중 병부田中兵部의 식읍이다.

○원강遠江(원주遠州)

상. 13군: 빈명濱名, 부지敷智, 인좌引左, 추옥麤玉, 장상長上, 장하長下, 반전부盤田府, 주지周智, 산명山名, 좌야佐野, 성사城飼, 진원蓁原, 산향山香

산과 강과 마을이 잘 조화되어 있으며 토양층이 일곱 자나 되어 씨를 뿌리면 천 배에서 몇만 배도 거둘 수 있으니 대상상국이다.

굴미 대협掘尾帶脇의 식읍이다.

○ 준하駿河(준심駿尋)

상. 7군: 지대지大, 익두益頭, 유도有度, 안배부安倍府, 여원盧原, 부사富士, 준하駿河

상하는 인접한 국(주)과 같다. 동서가 이틀 반 길이다. 산과 들이 알맞추 있고 바다를 안고 산을 끼고 있다. 산물이 많으니 대중국大中國이다.

중촌 식부소보中村式部少輔의 식읍이다.

이 지방에 부사산(富士山, 후지 산)이 있는데 모양이 버치를 엎은 것 같다. 꼭대기에는 꺼져 들어간 큰 구멍이 있어 얼마나 깊은지 밑을 알 수 없고 그 속에서 더운 기운이 치솟아 올라와 마치 구름과 안개 같으며 또 그 언저리로는 6월에도 항상 눈이 쌓여 있다.

중국 복건, 남만 등 여러 나라를 오가며 장사하는 왜인들은 바다에서 부사산의 꼭대기를 바라본 뒤에야 돛을 단다고 한다. 왜중은 늘 하는 말이 이세伊勢의 열전산熱田山, 기이紀伊의 웅야산熊野山 그리고 이 부사산을 삼신산이라고 한다. 어떤 이는 또 말하기를 근강주近江州의 태호수太湖水가 하루 만에 절로 열렸고 준하주駿河州의 부사산이 하루 만에 호숫가 모래 위에 절로 나와 산이 되었다고 한다. 그래서 사방에서 부사산을 구경하러 오는 자는 반드시 만 열흘 동안 재계를 하고 보아야 재앙이 없지만, 근강주 사람만은 하루 동안 재계해도 발을 헛디며 떨어져 죽는 일이 결코 없다고 한다. 왜가 괴이한 말을 좋아하는 것이 대체로 이러하다.

○이두伊豆(두주豆州)

하. 3군 : 전방田方, 나하那賀, 하무賀茂

이외에도 대도大島, 질도蛭島가 있다. 동서가 하룻길 남짓하다. 밭은 많고 논은 적으며 산은 높고 바다는 넓다. 소금과 해산물이 많이 난다. 대중국이다.

내부 덕천가강內府德川家康과 그의 아들 강호 중납언江戶中納言의 식읍이다.

○갑비甲斐(갑주甲州)

상. 4군 : 산리山梨, 산대부山代府, 팔대성八代城, 거마巨麻

남북이 이틀 길 남짓하다. 밭은 토양층이 얕고 논은 토양층이 깊으며 사방이 차서 양기가 없다. 초목이 무성하고 말과 소가 많으니 중중국이다.

탄정 천야장정彈正淺野長政과 그의 아들 좌경대부 천야행장의 식읍이다.

○상모相模(상주相州)

상. 9군 : 족병상足柄上, 족병하足柄下, 대주大住, 도릉淘綾, 애갑愛甲, 고좌高座, 겸창鎌倉▪, 삼포三浦, 강도江島

사방 사흘 길이다. 토양층의 두께가 한 길이나 되고 땅이 기름져 생산이 많다. 그러나 산은 낮아서 재목이 없다. 다만 해조와 해산물이 흔하다. 중하국이다.

▪ 겸창(鎌倉, 가마쿠라)은 왜국에서 이름난 곳이다. 명검이 많이 난다.

내부 덕천가강의 식읍이다.

○ 무장武藏(무주武州)

대. 21군 : 구량기久良岐, 노축都築, 다마부多麻府, 귤수橘樹, 신창新倉, 팔간八間, 고려高麗, 비금比金, 횡견橫見, 기옥崎玉, 아옥兒玉, 남금男衾, 번라旛羅, 진택榛澤, 나하那賀, 하미賀美, 족립足立, 질부秩父, 임원荏原, 풍도豐島, 대리大里

사방 닷새 반 길이다. 들이 넓어 산이 없으니 좋은 재목은 없으나 논과 밭이 많고 채소류도 많다. 대상상국이다.

내부 덕천가강의 식읍이다.

○ 안방安房(방주房州)

중中. 4군 : 주군부周郡府, 안방安房, 조이朝夷, 장협長俠

남북이 하루 반 길이다. 산과 강, 들과 농촌이 고르다. 물고기와 조개가 많아 토지도 걸게 할 수 있다. 대중국이다.

내부 덕천가강과 이견씨里見氏의 식읍이다.

○ 상총上總(총주總州)

대. 11군 : 주집周集, 천우天羽, 시원市原, 해상부海上府, 반산畔蒜, 망륙望陸, 이우夷隅, 치생埴生, 장병長柄, 산변山邊, 무사武射

남북이 사흘 길이다. 해안선이 길고 해조류가 많으며 비단붙이와 농기구 등의 생산지로 이름이 났다. 대중국이다.

내부 덕천가강의 식읍이다.

○하총下總(총주總州)

대. 12군 : 갈식부葛飾府, 천엽千葉, 인번印旛, 상마相馬, 원도猿島, 결성結城, 풍전豐田, 잡차匝瑳, 해상海上, 향취香取, 치생埴生, 강전岡田

남북이 사흘 길이다. 산도 많고 바다도 둘리고 새나 짐승도 많다. 그러나 모두 맛이 없다. 대중국이다.

내부 덕천가강의 식읍이다.

○상륙常陸(상십常尋)

대. 11군 : 신치新治, 진벽眞壁, 축파筑波, 하내河內, 신태信太, 자성부茨城府, 행방行房, 녹도鹿島, 나가那珂, 구하久河, 다하多河

이는 중앙에서 멀리 떨어진 주로 사방이 나흘 길이다. 농가와 도시가 날로 발전하며 목축도 왕성하며 누에치기도 많이 하고 면화 재배도 많이 하니, 대대중국이다.

좌죽의선佐竹義宣의 식읍이다.

동산도東山道 8국(130군)

○근강近江(강주江州)

대. 13군 : 자하滋賀, 율본栗本, 야주野洲, 포생蒲生, 신기神崎, 견상犬上, 판전坂田, 애지愛智의 상하上下, 천정淺井, 이향伊香, 고도高島, 갑하甲賀, 선적善積의 상하

사방 사흘 반 길이다. 산, 강, 논, 밭 등이 토지가 윤택하여 씨를 뿌리면 천 배를 거둔다. 왕경도 가깝고 봄도 이르니 왜국에서 네 번째 국이다.

경극 시종京極侍從, 석전삼성과 장속정가 등의 식읍이다.

○미농美濃(농주濃州)

상. 18군 : 석진石津, 불파부不破府, 안팔安八, 지전池田, 대야大野, 본소本巢, 석전席田, 방현方縣, 후견厚見, 각무各務, 산현山縣, 무의武義, 군상群上, 하무賀茂, 가아可兒, 토기土岐, 혜나惠那, 다세多勢

남북이 사흘 길이다. 산과 들, 논과 채소밭이 많으며 면화가 잘되고 오곡은 씨 뿌린 것의 만 배나 거두니, 대상국이다.

기부 중납언岐阜中納言과 군소 장수들의 식읍이다. 토산물로는 질 좋은 종이가 난다.

○비탄飛彈(비주飛州)

하. 4군 : 대후大厚, 익전益田, 천야天野, 황성荒城

남북이 이틀 길이다. 산이 깊어 목재가 많이 나 섶나무를 공물로 바친다. 소금과 해산물이 드물고 오곡이 잘 안 되니, 하하국이다.

금삼 법인金森法印과 그의 양자 출운수出雲守의 식읍이다. 법인이란 중의 벼슬 이름이다. 토산물은 황금이다.

○신농信濃(신주信州)

상. 10군 : 수내水內, 고정高井, 치과埴科, 소현小縣, 좌구佐久, 이나伊那, 추방諏訪, 축마부筑麻府, 안과安裏■, 갱급更級

일본의 한가운데 있는 주로, 남북이 닷새 길이다. 음기가 많아서

■ 일운日雲이라고도 한다.

풀이 자라지 않으며 바다가 멀어서 소금이 귀하다. 토양층의 깊이가 한 길이나 되어 뽕나무와 마가 잘되어 비단과 솜이 흔하다. 대대하국이다.

진전씨眞田氏의 식읍이다. 천각 월전수千刻越前守가 그의 이름이다. 토산물은 말이다.

○상야上野(야주野州)

대. 14군 : 대빙碓氷, 오처吾妻, 이근利根, 세전勢田, 좌위佐位, 신전新田, 편강片岡, 읍락邑樂, 군마부郡馬府, 감라甘羅, 다호多胡, 녹야緣野, 나파那波, 산전山田

동서가 나흘 길이다. 기온이 따뜻하여 뽕과 목화가 잘되어 고치와 면화가 많이 난다. 솜을 공물로 바친다. 대대상국이다.

내부 덕천가강과 좌야 수리대부佐野修理大夫의 식읍이다.

○하야下野(야주野州)

상. 9군 : 족리足利, 양전梁田, 안소安蘇, 도하부都賀府, 방하芳賀, 한천寒川, 염옥塩屋, 나수那須, 직벽直壁

동서가 사흘 반 길이다. 산은 적고 들은 깊으며 토양층은 두껍고 초목이 무성하다. 씨를 뿌리면 백 배는 거두니, 중상국이다.

내부 덕천가강의 식읍이다.

○육오陸奧(오주奧州)

대. 49군 : 백천白川▪, 흑하黑河, 반뢰磐瀨, 궁성부宮城府, 회진會津, 군마郡麻, 소전小田, 안적安積, 안달安達, 시전柴田, 애전刈田, 원

전遠田, 명취名取, 신부信夫, 국다菊多[※], 표엽標葉, 하회소河會沼, 행방行方, 반수盤手, 화하和賀, 하내河內, 비계稗繼, 고야高野, 일리日理, 강차江差, 첨택瞻澤, 장강長岡, 등미登米, 도생桃生, 모록牡鹿, 군재郡載, 녹각鹿角, 계상階上, 진경津輕, 우다宇多, 이구伊具, 본길本吉, 석천石川, 대치大治, 색마色摩, 도아稻我, 사파斯波, 반전磐前, 금원金原, 갈선葛田, 이달伊達, 두록杜鹿, 페이閉伊, 기선氣仙

동서가 60일 거리다. 옛적에는 출우出羽와 더불어 한 국이었던 곳으로 도시, 성벽, 궁궐, 주택 자리를 이루 다 셀 수 없다. 새가 많다. 옻칠로 공납에 충당한다. 대대상상국이다.

이달정종伊達政宗, 월후 중납언 상삼경승越後中納言上杉景勝과 남부 송간南部松間 등의 식읍이다.

바다 가운데 금산金山이 있는데 수장守將이 목욕재계하고 그 산에서 금 얼마를 캐겠다고 신에게 청한 뒤에야 배를 타고 가서 캐내 오며 만일 조금이라도 그 수량에 넘치면 돌아올 때 반드시 배가 부서진다고 한다.

땅이 하이(蝦蛦, 아이누족)에 잇닿은 듯 아득히 넓어서 그 끝을 알 수 없으니 왜국을 다 보아도 이 한 주의 크기만 한 것이 없다. 하이는 도로가 통한 곳만 해도 54개 군이나 되며 외딴 곳에 저절로 마을이 생겨나 법령과 통제가 미치지 못하는 곳이 54개 군보다 넓다. 토착민들은 몸집이 매우 크고 몸에 털이 있어 왜인들이 털보라고 부른다. 오주의 평화천에서 이해夷海까지 왜의 이수로 겨우 30리밖에 안

- 여기에 백하관白河關이 있다. 관동關東은 백하관의 동쪽이란 뜻이다.
- 국전菊田이라고도 한다.

된다.

어떤 이는 하이가 우리 나라 야인(여진)의 땅이라고 한다. 그 땅에 문어와 담비 가죽이 많이 난다니 혹 그럼직도 하다.

왜가 늘 하는 말이 오주에서 바로 조선의 동북 지방으로 건너가면 거리가 매우 가까우나 북해의 바람이 세차 무서워서 감히 건너지 못한다고 한다. 말이 괴이하고 믿을 수 없지만 우선 모두 기록하여 참고로 한다.

○출우出羽(우주羽州)

상. 13군 : 포해鮑海, 하변河邊, 촌산村山, 치사置賜, 웅승雄勝, 평록平鹿, 전하田河, 출우부出羽府, 추전秋田, 곡리由理, 산꼽山乫, 최상最上, 산본山本

동서가 50일 길이다. 기후도 따뜻하고 제초 관리도 잘하여 오곡이 잘된다. 대상상국이다.

월후 중납언 상삼경승, 최상 우시 출우수最上羽柴出羽守와 추산등태랑秋山藤太郞 등의 식읍이다.

북륙도北陸道 7국(37군)

기후가 매우 한랭하여 해마다 겨울이면 눈이 와서 몇 길씩 쌓인다.

○약협若狹(약주若州)

중. 3군 : 원부遠數, 내반人飯, 삼방三方

남북이 하루 반 길이다. 바다가 가까워 습기가 많다. 어업에 유리하고 철이 많이 난다. 칠감을 공물로 바친다. 소상국이다.

약주 소장 승준若州小將勝俊과 그의 아우 궁내 소보宮內少輔의 식읍이다. 이들은 축전 중납언 목하금오木下金吾의 형이며 풍신수길 본처의 조카이다.

○가하加賀(하주賀州)

중. 4군

남북이 이틀 반 길이다. 중상국이다.

축전 대납언 목하금오의 식읍이었는데 그가 무술년(1598) 섣달에 죽으니 아들인 재상 비전수와 작은아들 손사랑의 식읍이 되었다.

○월전越前(월주越州)

대. 12군 : 돈하敦賀, 단생부丹生府, 금립今立, 족우足羽, 대야大野, 판정坂井, 흑전黑田, 지상池上, 신전榊田, 길전吉田, 판북坂北, 남조南條

남북이 사흘 반 길이다. 산이 남쪽으로 막히고 또 북해를 끼고 있어 오곡이 잘 안 되나 뽕과 삼은 많다.■ 대상국이다.

전 관백 직전신장의 아들 수웅秀雄과 대곡 형부소부大谷刑部少輔의 식읍이다.

○월중越中(월주越州)

상. 4군 : 여파礪波, 사수射水, 부부婦負, 신천新川

이는 중부 지역의 주이다.

■ 다른 책에는 오곡이 종자의 만 배나 난다고 하였다.

사방 사흘 길이다. 소금, 해조류, 바닷고기가 많으며 오곡도 잘되고 기계도 많이 생산된다. 옻칠로 공납에 충당한다. 대대중국이다.
비전수 전전이장肥前守前田利長과 그의 아우 손사랑의 식읍이다.

○월후越後(월주越州)

상. 7군 : 경성頸城■, 고지古志, 삼도三島, 어치魚治■, 포원蒲原, 치수治垂, 반선磐舡

사방으로 엿새 길이다. 산은 남쪽을 막았는데 북해를 끼고 있으니 오곡이 잘되지 않는다. 그러나 뽕나무와 삼이 흔해 비단과 베가 많이 난다. 대대상국이다.
굴리씨 구태랑掘里氏久太郞의 식읍이다. 토산물로 백세포白細布가 나는데 언제나 눈 속에 이겨서 바랜다.

○능등能登(능주能州)

중. 4군 : 우색羽咋, 능등부能登府, 봉지鳳至, 주주珠洲

동서가 이틀 반 길이다. 땅이 차서 오곡이 더디 익는다. 그러나 좋은 철이 많이 나서 큰 그릇을 만들며 누에도 많이 쳐 옷을 따뜻하게 입을 수 있다. 소상국이다.
비전수 전전이장의 식읍이다.

■ 이보야伊保野라고도 한다.
■ 어소魚沼라고도 한다.

○좌도佐渡(좌주佐州)

중. 3군 : 우무羽茂, 잡태부雜太府, 하무賀茂▪

사방 사흘 반 길이다. 초목이 많아서 말과 소가 잘되며 바닷고기와 오곡이 많으니, 중상국이다.

월후 중납언 상삼경승의 식읍이다.

산음도山陰道 8국(47군)

○단파丹波(단심丹尋)

상. 6군 : 상전부桑田府, 선정船井, 다기多紀, 천전天田, 빙상氷上, 하록何鹿

사방 이틀 길이다. 왕성의 부용국附庸國이다. 양곡과 땔감이 많이 나니, 중상국이다.

덕선원 전전현이德善院前田玄以 부자의 식읍이다.

○단후丹後(단주丹州)

중. 5군 : 가좌伽佐, 여사與謝, 단후丹後, 편야片野▪, 웅야熊野

남북이 하루 반 길이다. 바닷고기도 많거니와 누에치기와 삼 재배도 왕성하여 고운 비단이 특산물이니, 중상국이다.

유재등효幽齋藤孝와 아들 장강 월중수長崗越中守의 식읍이다. 토산물로, 탄탄하게 짠 명주가 매우 질겨 10년 넘게 입을 수 있다 한다.

▪ 이 밖에 또 견부도見付島, 상상도上上島가 있다.
▪ 죽야竹野라고도 한다.

○단마但馬(단주但州)

상. 8군 : 조래朝來, 양부養父, 출석出石, 기다부氣多府, 성기城崎, 이방二方, 칠미七美, 미함美含▪

동서가 이틀 길이다. 토양층이 두텁고 면적이 넓어 조와 피가 많이 생산되며 나무도 흔하다. 중상국이다.

소출 태화수小出太和守, 신촌 좌병위新村左兵衛와 별소 풍후수別所豐後守의 식읍이다. 토산물로 백금이 난다.

○인번因幡(인주因州)

상. 7군 : 법미法美, 팔상八上, 지두智頭, 읍미邑美, 고초高草, 기다氣多, 거농巨濃

남북이 이틀 길이다. 북해 쪽으로 산들이 많다. 해조류와 비단을 많이 생산하니, 중중국이다.

궁부 병부宮部兵部의 식읍이다. 시로성(始路城, 히메지 성)은 우위대부右衛大夫의 식읍인데 그는 목하금오의 형이다.

○백기伯耆(백주伯州)

상. 6군 : 하촌河村, 구미久米, 팔번八幡, 한입汗入, 회견會見▪, 일야日野

남북이 이틀 반 길이다. 산은 깊고 토양층은 두터워 오곡도 잘되고 비단옷을 입는다. 중중국이다.

▪ 미념美念으로도 쓴다.
▪ 회미會美라고도 한다.

안예 중납언 모리휘원의 식읍이다.

○출운出雲(운주雲州)
상. 5군 : 의우부意宇府, 능미能美, 도근島根, 추록秋鹿, 순□楯□
동서가 이틀 반 길이다. 수목이 울창하고 남새도 잘되고 철, 농기구, 비단도 많이 생산되니, 대상국이다.
안예 중납언 모리휘원의 식읍이다.

○석견石見(석주石州)
중. 6군 : 안농安濃, 근마近摩, 나하那賀, 읍지邑智, 미농美濃, 녹족鹿足
남북이 이틀 길이다. 해조류와 소금 생산이 많아 공물로 바치는 것이 다른 주의 배나 된다. 중상국이다.
안예 중납언 모리휘원의 식읍이다.

○은기隱岐(은주隱州)
하. 4군 : 지천知天, 해부海部, 주길周吉, 온지隱地
사방 이틀 길이다. 오곡은 거의 없고 해조류와 꿀이 많으며 절여 말린 물고기로 이름이 났을 뿐이니, 소하국이다.
안예 중납언 모리휘원의 식읍이다.
석견과 은기 일대는 우리 나라 관동의 영동 지방과 비슷하다고 한다.

산양도山陽道 8국(77군)

우리 나라에 출입하는 바닷길이다.

○파마播摩(파주播州)
대. 14군 : 명석明石, 하고賀古의 동서東西, 하무賀茂, 인남印南, 식마飾磨, 읍보揖保의 동서, 적수赤穗, 좌용佐用, 완속完粟, 신기神崎의 동서, 다하多河, 미호美壺, 읍동揖東, 읍서揖西
사방 사흘 반 길이다. 기후가 따뜻하여 우박과 싸락눈을 볼 수 없으며 비단, 베, 종이 따위가 많이 나서 먹고 입는 것이 넉넉하니, 대상국이다.
풍신수길의 군소 장수들의 식읍이다.

○미작美作(작주作州)
상. 7군 : 영전英田, 승전勝田, 점서苫西, 점동부苫東府, 구미久米, 대정大庭, 진도眞島
동서가 사흘 길 남짓하다. 사면으로 산이 에둘러 추운 때도 바람이 없으며 초목과 먹을 것, 입을 것이 많다. 중상국이다.
안예 중납언 모리휘원과 비전 중납언 우희다수가의 식읍이다.

○비전備前(비주備州)
상. 11군 : 소도小島, 화기和氣, 반리磐梨, 읍구邑久, 적판赤坂, 상도上道, 어야御野, 이도兒島, 소족小足, 진고津高, 부도釜島
사방 사흘 길이 넘는다. 남해의 따뜻한 기온을 받아 초목도 무성하고 오곡이 먼저 익어 공물도 일찍 바친다. 좋은 칼, 창, 비단이 많이 난다. 중상국이다.

비전 중납언 우희다수가의 식읍이다. 그는 풍신수길의 양딸의 남편으로 한산도閑山島에서 싸움을 독려하던 자다.

○비중備中(비주備州)

상. 11군 : 도우都宇, 와옥窪屋, 하옥賀屋, 하도下道, 천구淺口, 소전小田의 동서, 후일後日, 철다喆多, 영□英□의 상하, 삼랑도三郎島, 기도寄島

동서가 사흘 반 길이다. 좋은 칼과 보습 등 농장기가 많이 나며 오곡과 해초류의 생산이 풍족하여 좋은 음식으로 배부르게 생활한다. 대상국이다.

우희다수가와 모리휘원의 식읍이다.

○비후備後(비주備州)

상. 14군 : 안부安部, 심진深津, 신석神石, 노가奴可, 소우沼隅▪, 품치品治, 위전부葦田府, 갑노甲奴, 삼상三上, 상계上谿▪, 어조御調, 혜소惠蘇, 세라世羅, 삼원三原▪

이는 가운데 있는 주이다. 동서가 이틀 길이 넘는다. 밭이랑도 길고 밭둑도 가로세로 잘 구획되었다. 오곡이 이르고 잘되어 술, 식혜

▪ 소외沼隈로도 쓴다.
▪ 삼계三谿라고도 쓴다.
▪ 삼자三冭라고도 쓴다.

등을 늘 먹는다. 중상국이다.

모리휘원의 아들 안예주 재상 모리수원毛利秀元의 식읍이다. 그는 풍신수길의 양딸의 남편이다.

○안예安藝(예주藝州)

상. 8군 : 소전沼田, 고전高田, 풍전豐田, 사전沙田, 하무賀茂, 좌백佐伯, 안예부安藝府, 고궁高宮, 엄도嚴島▪

남북이 이틀 반 길이다. 산이 깊어 목재가 많으며 바다가 가까워 소금, 해초 들이 풍부하지만 오곡이 잘 안 된다. 대하국이다.

모리휘원의 식읍이다. 지금의 광도(廣島, 히로시마)는 안예 안에 있다.

○주방周防(방주防州)

상. 6군 : 대도大島, 구하玖賀, 웅수熊手▪, 도농都濃, 좌파부佐波府, 길부吉敷

동서가 사흘 길이다. 꿀, 해산물이 많이 나서 토산물이 다른 곳의 열 배나 되며 특히 청어로 이름났다. 중상국이다.

모리휘원의 식읍이다.

○장문長門(장주長州)

중. 6군 : 후협厚狹, 풍포부豐浦府, 미칭美稱, 대진大津, 하무河武,

▪ 엄도嚴島는 군에 들지 않는다.
▪ 웅모熊毛라고도 쓴다.

견도見島

동서가 이틀 반 길이다. 남쪽은 바다, 북쪽은 산이다. 바닷고기가 많이 나고 잡곡은 다른 주의 배나 된다. 중중국이다.

모리휘원의 식읍이다.

남해도南海道 6국(52군)

○기이紀伊(기주紀州)

상. 7군 : 이도伊都, 나하那賀, 명초부名草府, 해부海部, 재전在田, 일고日高, 연루年樓

남북이 나흘 반 길이다. 삼면이 바다이고 평지가 없어 오곡이 되지 않는다. 하소국이다.

풍신수길의 군소 장수들의 식읍이다.

○담로淡路(담주淡州)

하. 4군 : 진명津名, 삼원三原, 육도六島, 회도繪島

사방 하룻길이다. 왜의 전설에 왜의 시조가 이 섬에 강림했다 하여 이 섬을 '나라의 어머니'라고 한다. 이주二柱라고도 부른다. 의복과 소금과 해산물이 많고 좋은 목재도 많다. 소상국이다.

협판 중무脇坂中務의 식읍이다.

○아파阿破(파주波州)

상. 9군 : 삼호三好, 마식麻植, 명동名東, 명서名西, 승포勝浦, 나하那賀, 판야板野, 아파阿波, 미마美馬

사방 이틀 길이다. 땅이 걸어 잡곡과 벼의 수확이 많고 산이 깊어 바닷고기와 새 짐승이 많다. 중상국이다.

봉수하 아파수 가정蜂須賀阿波守家政의 식읍이다.

○찬기讚岐(찬주讚州)

상. 11군 : 대내大內, 한천寒川, 삼목三木, 삼야三野, 산전山田, 신□神□, 아야부阿野府, 제족鵜足, 나하那賀, 다도多度, 향아香阿

동서가 사흘 길이다. 산, 냇물, 밭이 알맞고 오곡이 풍부하고 해산물도 많이 생산된다. 대중국이다.

생구 아악生駒雅樂과 그의 아들 찬기수 일정讚岐守一正의 식읍이다.

○이예伊豫(예주豫州)

상. 14군 : 신거新居, 주부周敷, 상촌桑材, 월지越智, 풍한風旱, 야간野間, 지기智器, 온천溫泉, 구미久米, 부혈浮穴, 이예伊豫, 희다喜多, 우화宇和, 우마宇麻

사방 이틀 길이다. 들에 논밭이 많고 명주, 베, 소금, 담배 등도 풍부하다. 대중국이다.

등당 좌도수藤堂佐渡守, 가등 좌마조加藤左馬助와 소천 좌마조小川左馬助 등의 식읍이다. 이예수 지전수웅이 죽은 뒤 소천이 그를 대신하였다.

○토좌土佐(토주土州)

중. 7군 : 토좌上佐, 오천吾川, 고강高岡, 번다旛多, 장강長岡, 전도畑島, 향미香美

동서가 이틀 길이다. 땅이 비옥하여 오곡이 잘되고 좋은 목재도 많이 난다. 중상국이다.

장증아부 토좌수 성친長曾我部土佐守盛親의 식읍이었는데 기해년에 그가 죽자 아들이 물려받았다.

서해도西海道 9국(103군)

○축전筑前(축주筑州)

상. 20군 : 지마志摩, 가마嘉麻, 야수夜須의 상하, 지하도志賀島, 어립御笠, 종상宗像, 원하遠賀, 석전席田, 수파穗波, 조량早良, 나가那珂, 석가釋迦, 모도牟島, 조옥糟屋, 이토怡土, 석내席內, 안수鞍手, 잔도殘島, 하좌下座, 상좌上座

남북이 나흘 길이다. 쌀, 진기한 물품, 기계 등이 모두 생산된다. 중상국이다.

축전 중납언 목하금오의 식읍이다. 그는 풍신수길 본처의 조카이다. 지하도는 중천 수리대부 수성中川修里大夫秀成의 식읍이다.

○축후筑後(축주筑州)

상. 10군 : 어원御原, 어정부御井府, 생상生桑, 삼저三猪, 삼모三毛, 상처上妻, 하처下妻, 산문山門, 산하山下, 죽야竹野

남북이 닷새 길이다. 오곡과 바닷고기가 이루 다 먹을 수 없을 만큼 넉넉하고 진귀한 특산품과 기계 생산도 많다. 대중국이다.

목하금오의 식읍이다.

○풍전豐前(풍주豐州)

상. 8군: 전하田河, 금구金救, 경도부京都府, 중진仲津, 축성筑城, 상모上毛, 하모下毛, 우좌宇佐

남북이 나흘 길이다. 중국을 이웃하여 약초와 도구, 기계 들이 많이 들어온다. 금과 비단을 공물로 바친다. 대중국이다.

흑전장정과 모리 일기수의 식읍이다.

○풍후豐後(풍주豐州)

상. 8군: 일전日田, 구주球珠, 직입直入, 대야大野, 해부海部, 대방大方, 속견速見, 국기國崎

사방 사흘 길이다. 명주와 베가 많아 옷감이 충분하고 오곡과 여러 산물이 많다. 중상국이다.

복원 우마조福原右馬助, 대전 비탄수大田飛彈守, 모리 민부대보毛利民部大輔, 중천 수리대부 수성, 조천 주마두 장정早川主馬頭長政과 죽중 원개竹中源介 등의 식읍이다. 그러나 복원 우마조는 뒤에 중이 되어 토지가 박탈되었다.

○비전肥前(비주肥州)

상. 12군: 기휘基諱, 양부養父, 삼근三根, 소성부三城府, 신기神崎, 좌하佐賀, 송포松浦, 저도杵島, 등진藤津, 피저彼杵, 갈목葛木, 고래高來

남북이 닷새 길이다. 땅이 비옥하여 씨를 뿌리면 백 배나 거두며 누에치기도 많이 하여 입을 것이 풍족하고 물고기, 새고기를 두루 먹는다. 중상국이다.

용장사龍藏寺는 큰 성바지로서 이곳이 식읍이다. 중국, 유구, 남만, 여송(呂宋, 루손) 등의 상선이 끊이지 않고 오간다.

낭진唐津과 명호옥(名護屋, 나고야) 등지는 사택 지마수 정성寺擇志摩守政成의 식읍이기 때문에 그를 수로 봉행水路奉行으로 삼아 우리나라 사절이 오갈 때 접대 일을 맡아보게 하였다. 평호도平戶島는 송포 법인의 식읍이며, 양천 입귤 좌근楊川立橘左根이란 자도 비전의 구석 땅을 식읍으로 하였는데 영지는 작아도 병력은 강하다고 한다.

○비후肥後(비주肥州)

대. 14군 : 옥명玉名, 산록山鹿, 산본山本, 국지菊池, 아소阿蘇, 합지合志, 탁마託摩, 구마球磨, 포전부飽田府, 익성益城, 우토宇土, 팔대八代, 천초天草, 위북葦北

사방 닷새 길이다. 목재와 석탄이 흔하고 오곡, 바닷고기, 종이, 솜 등이 많다. 대중국이다.

가등청정과 소서행장의 식읍이다.

○일향日向(향주向州)

중. 5군 : 구저臼杵, 아탕부兒湯府, 나가那珂, 궁기宮琦, 제현諸縣

사방 사흘 길이다. 명주, 베, 오곡 등이 고르게 생산되어 추위와 주림을 모른다. 중중국이다.

도진의홍의 식읍이다.

○대우大隅(우주隅州)

중. 8군 : 대우大隅, 능예菱刈, 상원桑原, 증어부贈於府, 시라始羅,

간속肝屬, 구로駒路, 웅미熊尾, 다칭도多彌島■

동서가 이틀 길이다. 비록 작은 주나 식량이 풍부하고 바닷고기가 많고 종이, 비단이 더욱이 흔하다. 중상국이다.

도진의홍의 식읍이다.

○살마薩摩(살주薩州)

중. 14군 : 출수出水, 고성高城, 살마薩摩, 일치日置, 이좌伊佐, 아다阿多, 하변阿邊, 관왜款娃, 지숙指宿, 결려結黎, 계산溪山, 홍소도興小島, 녹아도鹿兒島, 증도甑島

사방 이틀 길이다. 중국이 가까워서 교역하기 편리하다. 그러나 비단이나 베 같은 옷감이 나지 않는다. 중상국이다.

도진의홍의 식읍이다. 장사꾼의 태반은 중국 사람이다. 중국 배, 남만 배가 날마다 드나들어 정박하고 있다.

○일기壹岐(일주壹州)

하. 2군 : 일기壹岐, 석전石田

사방 하룻길이다. 이 섬과 대마도를 아울러 이도二島라고 한다. 서융西戎■이 와서 침범하기 때문에 가등청정에게 권하여 일기를 지키면서 공납을 보장케 하였으니 토산물이 모두 진기한 것들이다.

송포 법인의 식읍인데, 비전의 평호도까지 식읍이다.

■ 군에 들지 않는, 바다에 있는 섬이다.
■ 원래 옛날 서역의 미개한 종폭을 중국에서 '서융'이라고 하였는데 여기서는 어느 나라 사람을 말하는 것인지 불분명하다.

○ 대마對馬(대주對州)

하. 2군 : 상현上縣, 하현下縣

사방 하룻길이다. 일본 땅에서 떨어져 있으므로 섬이라는 뜻으로 대마도라고 한다. 다른 데서 보기 어려운 진기한 것들이 있다. 소하 국이다.

대마도는 우시 대마도주 종의지의 식읍이다.

대마도에 대한 방책

우시羽柴란 풍신수길의 원래 성이다. 풍신수길은 우리 나라를 침범할 때 종의지(소 요시토시)를 길잡이로 삼았기 때문에 자기 성을 종의지에게 주어 공로에 대한 포상의 뜻을 표하였다.

평조신平調信이란 자는 종의지의 가신으로 왜들은 그를 유천 하야수柳川下野守라고 하는데, 대마도를 지키고 있으면서 대마도 전 지역의 행정을 맡아본다. 현소(겐소)는 종의지의 참모인 중으로 왜들은 안국사 서당西堂이라고 하는데, 우리 나라와의 외교 문건을 맡아본다.

대마도의 읍은 방진芳津이라고 하는데 자연 형세는 비록 좋으나 왜국의 다른 성곽과는 아주 다르다. 다만 큰 산 밑, 큰 바다 어귀에 있을 뿐, 방어의 보루가 될 만한 높은 성과 깊은 못은 없고 사방이 다 초목만 무성한 산비탈이어서 일단 급한 일이 생기면 달아나 숨기만 좋을 따름이다.

동쪽으로 일기도까지는 반드시 바람씨를 보아서야 하루에 건너갈 수 있으며, 남쪽으로 평호도까지는 일기도보다는 좀 가까우나 풍랑이 더 사납다. 서쪽으로 풍기까지는 육로로 가면 이틀, 배로는 순풍이면 하루 걸리고 노를 젓게 되면 이틀 길이다. 풍기에서 우리 나라 바다까지는 바람씨에 따라서 한나절 길이다.

산은 동서가 길고 남북이 짧으며 땅은 자갈 바탕으로 논은 한 뙈기도 없고 채소와 보리 같은 것은 다 모래나 자갈 위에 씨를 뿌려 키가 몇 치에 지나지 않는다. 평시에는 우리 나라의 관시[1]를 통해서만 살아 나갈 수가 있다.

흑각黑角, 후추 등은 남만에서 들여오고 수달 가죽과 여우 가죽 등은 왜국에서는 소용없으므로 제 고장에서 싸게 사서 우리 나라에는 비싸게 팔아 왔다. 사라紗羅, 능단綾段, 모포와 금은 같은 것은 모든 나라에서 귀하게 여기므로 다른 나라에서 사들이기는 해도 우리 나라에 다시 내다 팔 수는 없다.

여자들은 우리 나라 옷을 많이 입으며 남자들은 거의 우리 나라 말을 안다. 그들은 왜국을 반드시 일본이라 하고 우리 나라를 반드시 조선이라 한다.

그들은 일찍이 자기네를 오로지 일본인으로만 자처하지 않았다. 원래 보통 때에는 우리 나라에서 혜택을 입는 것이 일본에서보다 많으므로 대마도의 장수에서 병졸에 이르기까지 우리 나라를 받드는 마음이 일본을 위하는 마음보다 컸다. 그래서 그들은 항상 조선까지 바닷길이 멀고 파도가 사납다고 본토의 왜들한테 말해 왔다.

그러다가 풍신수길이 66주를 손아귀에 넣자 종의지가 그만 죄를 두려워하여 마침내 우리 나라를 팔아 풍신수길에게 아첨하였다. 그

---

1) 관문이 되는 곳에 있는, 물물교환을 하던 국제 시장. 여기서는 부산, 동래의 왜관을 뜻한다.

리하여 종의지는 풍신수길의 신봉이 되었고 풍신수길은 그에게 축전과 박다(博多, 하카다)의 땅을 떼어 주어 공을 포상하니 대마도의 왜장들이 비로소 쌀밥을 먹게 되었다. 전에는 오직 우리 나라에서 주는 쌀을 먹어 왔다. 그러나 왜경에 아직 집을 가지지 못하여 장인 소서행장(고니시 유키나가)의 집과 가까운 시중의 주점을 얻어 잠시 세 들어 살았으니 다른 여러 왜장의 형편에는 미치지 못하였다고 한다.

본토의 왜들은 사납기는 해도 대마도의 왜들처럼 교활하지는 않다. 더욱이 우리 나라의 일은 동쪽인지 서쪽인지 모를 정도여서 교전한 지 여덟 해가 되도록 우리 나라 장수의 이름도 몰랐다. 그러나 대마도의 왜들은 사납지는 않으나 여간 교활한 게 아니고 더욱이 우리 나라의 일은 모르는 것이 없다.

그들은 평시에 대마도 안에서 영리한 아이를 골라 우리 나라 말을 가르치고 또 우리 나라 여러 문서의 이러저러한 격식을 가르쳐서 능숙하게 하였으니, 우리 나라 사람 중 눈이 밝은 자라도 짧은 순간에는 왜의 글을 가려내지 못하였다.

그들은 우리 나라와 아무 일이 없을 적에는 오로지 우리 나라에 붙으려고 힘써 왔는데 풍신수길의 세력이 강성해지니 우리 나라를 팔고 농간하여 침략의 길잡이가 되기를 자청하였다.

놈들은 늘 흉악한 음모와 꾀가 많으니 우리 나라 장수가 그들을 어루만지고 제어하는 데 적절한 방도를 잃는다면 반드시 또 이놈들에게 속을 것이다.

왜인들을 견제 이용하는 방책을 조만간 취한다면 북도 야인에게 연향宴享하는 예를 따르면 된다. 감사와 병마절도사가 미리 부산, 동래에 모여 그들을 기다려 만나는 것이 좋다. 구태여 그들을 데리고 서울까지 가면서 경비를 허비하고 역로와 도성의 허실을 알게 할 필요가 없다.

그리고 북도 야인에 대한 상사賞賜의 예에 의하여 간략히 토산품으로 저들의 선물에 응하는 것이 좋을 것이고 부질없이 영남의 세곡을 실어다가 도적에게 양식을 보태 줄 필요가 없다. 그리고 또 그들이 가져온 흑각黑角, 단목丹木, 후추, 황, 여우 가죽, 수달 가죽 같은 것들은 감사와 병마절도사가 부산 지방관을 엄하게 단속하여 물품의 상, 중, 하를 구분해서 적당한 값을 매겨 부산에서 교역하고 돌아오는 것이 좋을 것이고, 공연히 서울까지 실어 오느라 사람과 말을 고생시키고, 서울 사람들에게 억지로 눅게 사게 하여 그들이 분개하여 원한을 품게 할 필요가 없다.

또 그들이 조공하는 날짜는 매달 초로 고정해 아무 때나 왕래하는 폐단이 없게 하고 조공하는 배도 반드시 수를 미리 결정하여 수많은 배가 잇닿아 의혹을 일으키는 폐단을 없게 해야 한다. 또한 그들이 숙소로 정한 곳에는 잡인을 금지시키고 엄하게 지켜 첩자가 해안 방비의 허실을 일러 줄 틈을 얻지 못하게 하여, 그들이 우리 나라의 성터의 형편과 방비 태세를 포착하지 못하도록 해야 한다.

이상과 같이 약속도 정하고 방비도 명확히 하여 그들을 예의로 대하고 신의로 어루만진다면 그들은 장차 위세에 눌리고 은덕에 감격하리니 어찌 서울에 불러들이지 않는다고, 세미歲米를 주지 않는다고 탓하겠는가.

그리고 왜국 본토에 있는 왜들의 침략 음모가 보일 때에는 수시로 와서 고하게 한다면, 그들은 우리 나라의 신임을 얻기 위하여 전날 풍신수길에게 붙어 우리 나라를 배반한 죄를 씻으려고 반드시 미리

와서 고하여 적당한 대책을 세우는 데 기여할 것이다.

 왜에 대한 대책으로는 대마도가 중요하며 또 대마도에 대한 방책으로는 이보다 나은 것이 없다.

 뒷날 변방을 지키는 사명을 가진 자로서 대마도의 사정을 두루 아는 장수가 나라를 위하여 왜에 대비할 계책을 세운다면 어떤 방도를 취해야 할지 알 수 있을 것이다.

 이 밖에도 영량부永良部, 평호도, 오도五島, 칠도七島, 다미도多彌島, 일수도一艘島, 증도甑島, 팔장도八丈島 등이 있는데, 일기도나 대마도보다 큰 것도 있다.

임진년과 정유년에 쳐들어온 왜장들

덕천가강

덕천가강(도쿠가와 이에야스)이란 자는 관동(關東, 간토)의 대장인데 지금 직위는 내부內府라고 한다.

그는 등원원의정藤原源義定의 11대손이다. 원의정이 관백이었으므로 그 자손이 대대로 관동에 살았으며 식읍이 여덟 주에 널려 있다.

원래 그 땅의 사람들이 날쌔고 모질고 싸움도 잘하여 어떤 나라도 싸움을 걸 수 없었는데 덕천가강 대에 와서 풍신수길이 비로소 직전신장(오다 노부나가)을 대신하자 덕천가강은 성을 굳게 지켜 풍신수길에게 복종하지 않았다. 풍신수길이 직접 병력을 이끌고 가서 덕천가강을 치려 하니 덕천가강은 정예병 1만 8천 명을 동원하여 상모相模에 나가 맞받아 싸워 풍신수길이 패하였다. 그 결과 풍신수길은 덕천가강과 화친을 도모하니 덕천가강도 싫은 마음을 버리고 풍신수길에게 굴복하여 죽을 때까지 신하 노릇을 해 왔다.

그의 맏아들 삼하수三河守는 지혜와 용맹이 덕천가강보다 나으나 덕천가강은 둘째 아들 강호 중납언江戶中納言을 사랑하여 자기 뒤를 잇게 하려 하였다. 그 아래 어린 아들은 일기수壹岐守인데 나이 겨우 열 살이라 한다.

덕천가강의 나이는 예순셋이며 그의 토지 소출은 250만 석이라고 하지만, 실은 그의 배나 된다.■ 그는 듬직하여 말이 적으며 얼굴은 후덕하게 생겼다. 그가 있는 성부城府는 매우 견실하다. 그는 풍신수길이 살았을 때에는 자못 군중의 마음을 얻었는데 풍신수길을 대신하면서부터 왜인의 신망을 잃었다.

풍신수길은 적대자의 성을 공격하여 적의 세력을 꺾고도 적이 항복만 하면 이내 원한을 잊고 성지와 영토를 하나도 빼앗지 않았으며, 혹은 다른 고을을 더 붙여 주기까지 하였다. 그러나 덕천가강은 은혜나 미움을 속으로 품어 한번 눈 밖에 나면 반드시 상대자를 죽을 곳에 내치고야 만다. 그러므로 왜장들이 그의 세력을 꺼려 겉으로는 좇는 척해도 진심으로 따르는 자는 하나도 없다고 한다.

모리휘원

모리휘원(모리 데루모토)이란 자는 경서京西의 대장인데, 임진왜란 때 원수元帥가 되었던 자로 직위는 안예 중납언 혹은 모리 중납언■이라고 한다.

- 전적田籍상으로는 250만 석으로 되어 있지만 선조부터 그에 이르기까지 더 개간된 것은 이 숫자에 들지 않았으므로 실은 그 배가 된다는 것이다.
- 안예는 그의 영지인 주의 이름이고, 모리는 성이다.

옛날 백제가 처음 망하자 임정 태자臨政太子가 배를 타고 왜국에 들어가 대내 좌경대부大內左京大夫가 되어 주방주에 도읍하였는데■, 그의 자손이 47대까지 내려오면서 대대로 벼슬하여 그 영지를 세습해 왔다. 모리휘원의 선조는 곧 임정 태자의 종자였다. 그 뒤 임정 태자의 후예는 다다량씨多多良氏라 하였고 모리휘원의 선조는 대강씨大江氏라 하였는데, 대강씨는 뒤에 모리로 고쳤다. 그리고 임정 태자의 후예가 끊어지니 모리휘원의 선조가 그 영토를 물려받아 안예주의 광도(히로시마)에 도읍하였다. 산물의 풍부함은 왜경에 비길 만하고 풍속은 다른 곳보다 좀 넉넉한 편이며 사람들의 성품은 매우 너그러워 우리 나라 사람의 기풍과 많이 비슷하다고 한다. 모리휘원의 나이는 마흔여덟이다. 식읍이 경서, 구주까지 미쳐 토지 소출이 150만 석이라고 하지만 실은 그보다 더 많다.

전전이장

비전수 전전이장(前田利長, 미에다 도시나가)은 가하 대납언(加賀大納言, 전전이가前田利家)의 아들이다. 가하 대납언은 본래 덕천가강과 작위와 세력이 비등하였다. 풍신수길이 죽을 때 아들 풍신수뢰를 그에게 부탁하면서 "너는 비전 중납언 우희다수가와 함께 수뢰를 받들어 대판에 있으라. 그리고 수뢰를 잘 보호하여 모든 일을 잘 처리할 것을 네게 맡긴다." 하였다.

풍신수길이 죽은 뒤 가하 대납언도 무술년(1598) 겨울에 죽었으

■ 왜놈들은 왕을 대내大內라고 한다. 그러므로 지금도 주방주에 대내전이란 칭호가 있다.

므로 비전수 전전이장이 월중, 가하, 능등 등 세 주의 땅을 물려받았으며 또 풍신수뢰를 받들어 대판에 거주하니 위세가 덕천가강에게 지지 않았다.

전전이장은 문루를 높이 세워 대판 내성과 나란히 하였다. 그리고 몰래 상삼경승, 이달정종, 좌죽의선, 우희다수가, 가등청정, 장강 월중수 등과 결탁하여 덕천가강을 죽이고 그 토지를 나눠 갖기로 약속하여 입에 피를 바르고 맹세한 다음 월중에 돌아왔다. 때마침 석전삼성이 덕천가강한테 견책을 받고 자기의 사읍인 근강주에 물러 나와 있다가 그들의 밀모를 알고 몰래 서면으로 덕천가강에게 고하였다.

그리하여 덕천가강은 기해년(1599) 9월 9일에 풍신수뢰에게 조알朝謁한다는 구실로 전전이장이 없는 틈을 타서 대판성에 들어가 앉았다. 그러고는 전전이장의 부하들을 불러 그 문루를 헐라고 명하였다. 그러나 부하들은 다 우리 주인이 밖에 있으니 명령을 들을 수 없다고 하면서, 죽기는 매한가지이니 덕천가강의 명령을 어겨 죽을지언정 주인의 명령을 어길 수 없다고 하였다. 덕천가강의 분노는 더욱 커졌다. 이때 우희다수가는 전전이장에게 처조카뻘이 되므로 전전이장의 부하들한테 가서 네 주인이 내게 한 말이 있으니 내가 책임을 질 것이라고 타일러 문루를 헐게 하였다.

덕천가강은 드디어 관동의 장수들에게 비전수 전전이장이 왜경으로 가는 길을 막게 하고 또 석전삼성에게 근강주의 요해처를 방비하도록 하였다. 한편 전전이장도 자기 성과 해자를 다시 고쳐 굳게 지킬 계책을 세우고 또 하루 걸러 사냥을 구실 삼아 정예병 수만 명을 거느리고 월중, 월후 등지에 출몰하며, 상삼경승 등과 은밀히 서로 돕기로 맹약을 맺었다. 그래서 여러 왜장들이 덕천가강한테 화해하기를 권하였으나 덕천가강은 이를 듣지 않고 있었다.

정세로 보아 싸우지 않으면 화해해야 하고 화해하지 않으면 싸워야 할 터인데, 만일 화해가 성립되지 않는다면 왜국은 장차 전쟁터가 될 것이니, 이렇게만 된다면 우리 나라의 다행함을 어찌 이루 다 말할 수 있겠는가.

상삼경승

상삼경승(上杉景勝, 우에스기 가게카쓰)이라는 자는 지금 월후 중납언이라고 한다. 대대로 월전, 월중, 월후 세 주의 땅을 소유하여 왔다. 그러다가 풍신수길이 직전신장을 대신하게 되었을 때 상삼경승은 풍신수길과 싸워 패하자 풍신수길에게 항복하였다. 풍신수길은 출우주와 좌도주를 상삼경승에게 주고 월후의 땅을 빼앗아 굴리씨 구태랑에게 주었다. 그래서 상삼경승의 마음에 불만이 있음은 물론이어니와 월후의 백성들도 다시 상삼경승이 주인이 되기를 바랐다.

그리고 덕천가강이 풍신수길을 대신하게 되자 전전이장이 덕천가강과 더불어 원망을 가지게 되었으며, 상삼경승은 또 마음대로 사읍으로 돌아와서 전전이장과 병력을 연합하여 월후의 땅을 쳐서 되찾으려 하였다. 그래서 굴리씨는 그를 크게 두려워하여 사정을 덕천가강에게 자주 보고하니 덕천가강도 또한 본거지를 걱정하여 상삼경승에게 여러 차례 글을 보내어 왜경으로 돌아오기를 권유하였으나 상삼경승은 좇시 않았다.

왜들이 다 말하기를, 상삼경승이 과연 전전이장과 병력을 연합하여 바로 덕천가강의 본거지를 쳤을진대, 덕천가강이 돌아가 본거지를 구하려고 한다면 가등청정 등이 동시에 함께 일어나 서경과 왜경을 모두 잃었을 것이며, 또 놀아가 본거지를 구하지 않는다면 본거지가 먼저 깨져 앞뒤로 적의 공격을 받을 상황이어서 상삼경승 등이 움직이기만 하면 모두 성공할 것이어늘 애석히도 그들은 어리석고 나약해 떨쳐 나서지 못했다고 하였다.

이달정종

이달정종(伊達政宗, 다테 마사무네)이란 자는 대대로 육오주를 차지하여 부귀를 떨쳤는데, 풍신수길이 직전신장을 대신하였을 때 풍신수길과 싸우다가 패하여 항복하고 마침내 귀순하였다.

이달정종의 금품과 양곡은 다른 왜인보다 갑절이나 되지만 서울까지 거리가 너무 멀고 북해에는 파도가 높아 배가 자주 뒤집히므로 왜경에 있으면서 이익을 취하는 점이 모리휘원 같은 자의 절반도 못 된다.

이달정종은 음흉하고 독살스럽기가 다른 왜인보다도 심하여 제 친형과 친자식을 죽였다. 또 기민한 재주도 있어 일찍이 복건성 안에 물이 없음을 보고 성 밖 강물을 끌어들여 풍신수길의 내성까지 오게 하였으니 주민들이 지금까지 그의 힘을 입고 있다고 한다.

좌죽의선

좌죽의선(佐竹義宣, 사타케 요시노부)이란 자는 대대로 상륙常陸

등 몇 개 주를 차지하여 풍신수길 시대에 이르도록 여전하였다.

최상의광

최상의광(最上義光, 모가미 요시아키)이란 자는 대대로 육오주의 한 모퉁이를 차지하여 풍신수길 시대에 이르도록 역시 여전하였다.

목하금오

축전 중납언 목하금오筑前中納言木下金吾란 자는 풍신수길의 처조카이며 모리휘원의 사위이다. 풍신수길이 일찍이 자기 성을 목하木下라고 하였을 때 금오도 그 성을 따서 목하라고 하였다.

목하금오는 약주 소장 승준若州小將勝俊, 시로 성주 우위문대부始路城主右衛門大夫, 궁내 소보와 더불어 사 형제인데 금오가 제일 막내로 어리기 때문에 풍신수길한테 총애를 받아 식읍을 형들보다 배나 받았다.

경자년(1600)에 겨우 열아홉이었는데 정유재란(1597)에 원수가 되어 부산에 주둔하였다. 풍신수길은 그의 군사들이 규율을 잃었다고 몹시 힐책하였다.

그는 품성이 경솔하고 감정의 변화가 지나쳐 형들과는 다르다. 순수좌(후지와라 세이카)는 일찍이 그에게 글을 가르쳤기 때문에 그의 성격을 자세히 안다고 한다. 토지 소출은 99만 석이다.

우희다수가

비전 중납언 우희다수가(宇喜多秀家, 우키타 히데이에)란 자는 풍신수길 양딸의 남편이다.

그는 처음 석송 파마수赤松播摩守의 휘하로서 풍신수길에게 붙어 일어났는데 그의 선조는 우리 나라 사람이다. 그는 비전주 하나, 비중주備中州의 절반, 미작주美作州의 절반을 차지하여, 비전의 강산岡山에 도읍하였다. 무기가 예리하고 병사는 날쌔며, 영지는 땅이 비옥하고 물자가 풍부하다.

그는 임진년에 우리 나라 서울 남별궁에 침입하였는데 휘하 군대의 학살과 약탈 행위는 금지하였으나 우리 나라의 젊은 남자를 많이 잡아갔다.

그는 덕천가강과 서로 시기하고 원한을 가지고 있다. 또 정유년 침략 때 잘못이 많아 사졸들의 마음을 잃었다. 경자년(1600) 2월에 휘하들이 그의 조치에 분개하여 일제히 검과 창을 가지고 우희다수가한테 달려들어 행동을 고치지 않으면 화가 있으리라고 협박하여 우희다수가가 당황하여 어쩔 줄 몰랐다. 이때 대곡 형부소보大谷刑部少輔가 이 소식을 듣고 우희다수가를 불러내어 배를 태워 대판으로 왔기에 무사하였다. 그리하여 일을 꾸몄던 몇 사람은 자살하거나 달아났으니 남은 사람은 불문에 부치고 말았다.

덕천가강은 우희다수가에게 이런 일이 생긴 것을 다행으로 여겨 장본인들의 죄를 다스리지 않으니 모든 왜들이 이로써 덕천가강을 더욱 비난하였다고 한다. 우희다수가의 토지 소출은 69만 석이다.

도진의홍

도진의홍(島津義弘, 시마즈 요시히로)이란 자는 도진 병고두島津兵庫頭＊라고 부른다. 대대로 살마, 대우, 일향 등 여러 주를 차지하여 그 영지가 중국, 유구와 여송(루손 섬)과 가깝다. 그래서 중국 배, 남만 배가 끊임없이 오가고 또 왜국 사람으로 중국과 남만에 왕래하는 자들도 반드시 여기를 거치니 중국과 남만의 상품이 저자와 점포에 그득하며 중국 사람, 남만 사람들의 가게도 빼곡히 벌어 있다.

도진의홍은 또 무예와 용맹이 왜인 가운데 뛰어나 모두들 하는 말이 만일 도진의홍이 자기 무용을 발휘할 만한 자리에 있었다면 왜 전역을 통째로 삼키기 어렵지 않았을 것이라고 한다. 그의 부하들도 다 무예가 매우 뛰어나고 용감하며 또 대대로 국록을 받는 신하들이다.

직전신장의 말기에 이르러서는 도진의홍이 구주九州＊를 온통 차지하였는데, 풍신수길이 직전신장을 대신하여 나서자 도진의홍이 몸소 출동하여 풍신수길과 싸우다가 결국 성공치 못하고는 여섯 주를 그에게 물려주고 다만 전부터 소유하였던 세 주만 가졌다.

정유년(1597)에 그의 부대가 사천에 주둔해 있었는데 중국 군대가 무술년(1598) 봄에 사천을 포위 공격하여 왜군이 크게 패하였다고 술렁거렸다. 기해년(1599) 봄에는 그의 가신으로 8만 석 땅을 받은 자가 모반할 뜻을 가졌으므로 도진의홍이 계책을 써서 죽이니, 일향주에 있는 그 가신의 아들이 겨우 열일곱 살이었으나 성을 열둘

＊ 도진은 성이고 병고두는 무기고의 우두 머리란 뜻이다.
＊ 서해도가 모두 9주로 되었는데 일기와 대마는 치지 않는다.

을 세워 도진의홍에게 반역하였다. 그래서 도진의홍이 직접 군대를 이끌고 가서 공격 포위하여 시체가 산더미 같았으나 겨우 성 세 개를 함락시켰을 뿐이었다. 이때 목하금오와 가등청정 등이 원병을 보내 주려 하니, 도진의홍이 거절하며,

"일개 부하가 반역하니 내가 마땅히 죽여 없앨 일이지 어찌 남의 원병까지 번거롭게 하겠느냐."

하였다. 반역한 자 또한 이리저리 덕천가강 등한테 뇌물을 주어 죽음을 면하려 했다고 한다. 이 싸움에서 도진의홍의 정예군이 한 해 사이에 태반이 죽거나 부상당했으니 덕천가강 등은 속으로 기뻐했다고 한다.

그 밖에 여러 왜장으로 굴리씨, 통정씨筒井氏, 진전씨眞田氏, 증전장성(增田長盛, 마시다 나가모리), 석전삼성, 복도 대부福島大夫, 전중병부田中兵部, 궁부 병부宮部兵部, 대곡 형부소보大谷刑部少輔, 용장사龍藏寺, 생전 삼좌위문生田三左衛門, 주계 가등청정主計加藤淸正, 섭진수 소서행장攝津守小西行長, 천야장정(淺野長政, 아사노 나가마사) 부자, 기부 중납언岐阜中納言, 우시 출우수羽柴出羽守, 약주 소장승준若州少將勝俊, 좌야 수리대부佐野修理大夫, 아파수 가정阿波守家政, 생구 아악生駒雅樂 부자, 토좌수 성친土佐守盛親 부자, 흑전장정(黑田長政, 구로다 나가마사), 등당 좌도수藤堂佐渡守, 가등 좌마조加藤左馬助, 장강 월중수長岡越中守 등은 영유한 토지가 많게는 혹 40~50만 석, 적다 해도 10만 석이 못 되지는 않는다고 한다. 10만 석에 미치지 못하는 자는 꼽힐 수 없다고 한다.

풍신수길은 어떤 자인가

진전신장의 노복으로

적의 괴수 풍신수길(도요토미 히데요시)은 미장주 중촌향中村鄕 사람으로 병신년(1536)에 태어났는데 얼굴이 못생기고 키는 짤막하여 생김이 원숭이 같으므로 어렸을 때 이름을 원숭이〔猿猴〕라고 하였다. 그는 날 때부터 바른손 손가락이 여섯이었는데 자라서는, 남들은 다 손가락이 다섯인데 여섯까지 있어 무엇 하랴 하고 칼로 하나를 잘라 버렸다.

아비의 집이 본래 가난하고 천하므로 농가의 머슴살이를 하다가 장년이 되어서는 스스로 떨쳐 일어나 전 관백 직전신장(오다 노부나가)의 노복이 되었다. 그러나 별로 이렇다 할 것도 없이 관동으로 도망해 있다가 수년 만에 다시 와서 자수하니, 직전신장이 도망한 죄를 용서하고 전과 같이 노복으로 두었다. 그리하여 풍신수길은 바람이 불건 비가 오건 또 밤이든 낮이든 몸 바쳐 직전신장을 섬겼다.

직전신장이 매양 다른 노복들을 시켜 시장의 물건을 사 오게 하면 반드시 비싼 값으로 사 왔고 또 값이 좀 맞지 않으면 사 오지 못하였다. 그러나 풍신수길을 시키면 헐값으로 값진 물건을 사서 얼른 돌아오곤 하니 직전신장이 기특하게 여겼다. 실은 풍신수길이 직전신장한테 잘 보이기 위하여 매양 자기 돈으로 절반은 보탰지만 다른 노복들은 그것을 모른 것이다.

직전신장이 몸소 출동하여 북주北州의 배반자를 칠 때였다. 풍신수길이 창을 가지고 돌격하여 풍신수길이 향하는 곳마다 적이 모두 쓰러졌다. 그래서 직전신장은 상으로 파마주 시로성을 풍신수길에게 떼어 주었으며 또 얼마 뒤에는 축전수로 올려 주었다.

풍신수길은 처음에 성을 목하木下, 이름은 등길藤吉 또는 등귤藤橘이라고 했다가 이때 성을 우시羽柴로 고쳤으므로 사람들이 우시 축전수라고 불렀다. 왜는 으레 자기 출생지의 이름을 따서 성씨를 삼는데 그뒤 자기 처지가 고귀해지면 반드시 천했을 때 부르던 성씨를 고치며 또 천해지면 귀했을 때 부르던 것을 반드시 고친다.

직전신장이 말년에 마음대로 사람들을 벌하고 죽이면서 또 대신들을 의심하고 꺼리는 까닭으로 모두들 불안해하며 자기 성을 쌓으며 안전을 도모하였다. 별소 소삼랑別所小三郎이란 자가 파마주를 근거지로 하여 직전신장에게 반역하므로 직전신장이 어느 왜장에게 군대를 이끌고 가서 죽이게 하였는데 풍신수길이 자기가 가서 설복하겠노라 하여 직전신장이 허락하였다. 그리하여 풍신수길은 겨우 친병 백여 명만 데리고 가서 군사들을 성 밖에 있게 하고는,

"너희를 번거롭게 할 필요는 없으니 내가 혼자 들어가리라."

하였다. 부하들은 간곡히,

"홀몸으로 성안에 들어가시면 일이 장차 어찌 될는지 헤아릴 수

없으니 저희도 따라 들어가 생사를 같이하기를 청합니다."

하였다. 풍신수길은 웃으면서,

"만일 승부를 겨룬다면 너희 백여 명의 하찮은 군졸을 데리고 들어간대야 고깃덩이를 주린 범에게 던져 주는 것과 무엇이 다르며, 만일 승부를 겨루지 않는다면 홀로 들어가도 아무 걱정할 게 없으리라."

하고 드디어 홀몸으로 말을 타고 검과 창도 물리고 상인 차림으로 성문에 들어가니 문지기도 막지 않았다. 그리하여 바로 별소 소삼랑의 처소에 이르러 얼른 앞에 나가 그의 손을 잡고서,

"주공께서 공을 후히 대우하거늘 공은 왜 구태여 모반하는가? 지금 공의 계책으로는 무장을 풀고 사죄하는 것만 못하니 그리만 한다면 나는 공이 부귀를 잃지 않도록 보증하겠소."

하였다. 별소 소삼랑은,

"틈이 이미 깊었으니 때가 늦었소."

하였다. 부하들이 풍신수길을 죽이자고 하자, 별소 소삼랑은,

"그가 나를 위하여 계책을 말하였을 뿐이니 어찌 죽이랴."

하고는 풍신수길을 호송하여 성문을 나왔다. 풍신수길의 부하들은 풍신수길이 이미 죽었을 것이라 생각하던 차에 그가 성문 밖으로 나오는 것을 보고 모두 놀라며 반겨 맞았다.

이 전말을 직전신장에게 보고하여 직전신장은 드디어 풍신수길에게 별소를 치게 하니 별소 소삼랑이 패하여 서쪽 길로 달아났다.

모리휘원은 당시 산양, 산음 등 열한 개 주를 점거하여 직전신장의 통제를 받지 않으니 직전신상이 또 풍신수길에게 군사를 거느리고 가서 치게 하였다. 모리휘원의 별장別將이 별성別城, 곧 고송高松

을 굳게 지키고 있었다. 고송이 풍신수길 군대에 맞서 성을 굳게 지키니 풍신수길은 성 둘레로 흙산을 쌓고 강물을 들이대어 성을 맹렬히 공격하였다. 그리하여 흙산은 더욱 높아지고 물은 더욱 세차게 들어와 성이 거의 다 잠겨 버렸다. 그러나 성을 지키는 자들은 의지가 더욱 굳건하였다.

때마침 일향수 명지광수(明智光秀, 아케치 미쓰히데)가 직전신장을 죽였다. 부고를 가진 자가 낮에 밤을 이어 급히 달려왔다. 풍신수길은 이 소문이 날까 꺼려 부고를 가지고 온 자를 막하에서 죽이고는 더욱 성을 맹렬히 공격하며 아무 일도 없는 듯이 꾸몄다. 이때 안국사라는 자는 모리휘원의 참모로 있던 중인데 풍신수길이 그에게 글을 보내어 만나기를 청하였다. 안국사가 글을 보고 곧 왔다. 풍신수길은 그를 진중에 맞아들여 조용히 일렀다.

"성이 무너질 것은 아침 아니면 저녁이다. 그러나 나는 수만의 인명이 다 희생될 일을 차마 못 하고 있다. 만일 성주가 이를 생각하고 자결한다면 나는 마땅히 포위를 풀고 평화를 회복케 하리라."

하여 안국사가 들어가 성주에게 고하였더니, 성주는 곧 배 한 척을 타고 강 가운데 들어가 자결하였다.

그리하여 이내 모리휘원과 감정을 풀고 화친을 하여 군대를 거두어 돌아오고 있었는데, 일향수 명지광수가 직접 군사를 거느리고 섭진주 산기山崎에 맞받아 나와 싸움이 시작되었다. 산기는 대판과 복견 사이 우치(宇治, 우지)의 강어귀에 있다. 한쪽은 먼 길에 지친 군사이고 한쪽은 충분히 쉰 군사여서 벌써 군사들의 사기에서 뚜렷이 차이가 나고 군사 수도 큰 차이가 있어 풍신수길 군사들은 기세가 더욱 왕성하여 전투가 맹렬하였다. 그리하여 풍신수길이 직접 적진

속에 내달아 명지광수의 머리를 베었다. 그리하여 명지광수의 군대
들은 싸우지 못하고 저절로 무너지고 말았다.

66주를 평정하고 조선을 침범하다

 풍신수길은 군사를 이끌고 성에 들어가 직전신장의 시체가 있는
곳을 찾아 그 머리를 가지고 절간으로 올라가 스무하루 동안 재齋를
올렸다.
 이때 나라에 주인이 없어 사람들이 불안해하였으나 풍신수길이
조금도 거리끼지 않고 태연하게 일 처리를 하니, 대신들은 감히 아
무 소리도 내지 못하였다. 풍신수길은 자기에게 붙지 않는 자를 날
마다 쳐 죽여 무사한 날이 없었다.
 기이의 백성들이 반란을 일으켜 진영이 수십 리에 잇닿아 있었는
데 풍신수길이 직접 가서 이를 멸하였다.
 병고두 도진의홍은 대대로 차지해 온 살마주 등 세 주를 근거지로
하여 국내에 변란이 있는 기회를 타서 구주九州를 모두 점령하였다.
풍신수길이 가서 또 치니, 도진의홍이 전부터 소유했던 세 개 주만
을 두고 나머지는 전부 풍신수길에게 바쳤다.
 덕천가강은 관동의 여덟 개 주를 점거한 채 정세를 살폈는데 풍신
수길이 직접 가서 그를 치다가 도리어 패하고 마침내 덕천가강과 화
의를 맺었다. 이에 덕천가강이 굴복하여 신하의 예로 풍신수길을 섬
기니 모리휘원도 듣고서 비전 등 두 주를 풍신수길에게 바쳤다.
 이리하여 66주가 평정되자, 대마도수 종의지가 섭진수 소서행장
을 통하여 우리 나라 침략을 위한 길잡이 되기를 풍신수길에게 청하

였다. 그래서 소서행장은 종의지에게 딸을 주어 사위로 삼고는 종의지를 풍신수길한테 보이니, 풍신수길이 크게 기뻐하여 종의지에게 자기 성을 내려 주어 우시羽柴라고 하였다.

  임진년에 모든 왜군을 동원하여 우리 나라를 침범하였을 때 풍신수길은 분에 넘치게도 조선을 집어삼키는 날을 꼽아 실현되리리고 떠벌렸다. 그러다가 소서행장이 평양에서 지고 뭇 왜들이 영남 변두리로 물러나자 풍신수길은 크게 성내어 직접 부하들을 이끌고 계사년(1593) 3월에 구주로 내려가 비전주의 명호옥에 신궁을 짓고 오래 머무르며 싸움을 독려할 계책을 궁리하였다. 그는 떠들어 대기를 전라도와 경상도가 확보되기를 기다려 몸소 부산으로 건너가겠다더니 마침 제 어미가 병으로 죽었다는 급보를 듣고 급히 돌아가 버렸다. 당시 왜장들 중 세력 있는 자들이 이미 풍신수길을 죽이고 딴 사람을 세우자고 은밀히 모의가 있었으나 불행히도 풍신수길이 일찍 돌아갔기 때문에 이루지 못하였다고 한다.

  유구국은 살마주에 가장 가깝고 또 크고 작은 섬들이 어긋어긋 놓여 있어 해운상 매우 편리하다. 그래서 풍신수길이 군대를 돌려 유구를 치려 했는데 살마수 도진의홍이 매우 겁을 먹고, 풍신수길의 총애를 받는 신하 석전삼성에게 뇌물을 먹이고 그가 풍신수길에게 유구란 나라는 다만 탄환 같은 두 섬이 있을 뿐 별반 귀중한 보물이 없으니 백성들에게 노고를 끼치며 군대를 출동시킬 필요가 없다고 말해 풍신수길의 뜻을 돌리게 하였다. 또 유구 사람을 끌어 진정하는 글과 함께 토산물을 실어다가 풍신수길에게 바치게 하니 풍신수길이 유구를 치려던 계획은 그만두었다.

  왜경 서쪽 지방의 모든 왜들은 이미 우리 나라에서 전투에 지쳤으니 풍신수길은 또 왜경 동쪽의 여러 왜들이 지쳐 쓰러지게 하려 하였다.[1] 그래서 동쪽 지방의 군사들을 온통 동원해 산성주 복견리 우치 강가에 집결하니 왜경과 거리가 10리였다. 그리하여 고산高山 꼭대기에 새로 성을 쌓고 궁실을 지었더니 곧 큰 지진이 일어나 성과 집들이 전부 쓰러졌다.

그리하여 다시 먼저 성의 동쪽에 자리잡고 새 성을 전처럼 쌓고는 외성外城 둘레로 집들을 지어 가장 믿는 부하들을 살게 하였으니 증전장성은 남쪽에 살고 석전삼성과 천야장정은 서쪽에 살고 장속정가와 덕선원 전전현이 등은 북쪽에 살고 대야 수리대부는 동쪽에 살고 덕천가강과 모리휘원 이하 다른 왜장들의 사택은 또 그 밖으로 돌아가며 있다.

그러고는 강물을 끌어 성 동문의 해자에 대었으니 깊이가 스무 길 남짓 되며 사방으로 빈터에는 소나무, 전나무를 벌여 심어 몇 달 안에 울창한 산을 보게 되었다. 그리고 산을 옮겨 바다를 메우며 돌을 굴리고 나무를 나르는 등 공사를 다그쳤다. 넓고 높고 큰 집 수십 칸을 헐지 않고 사람들이 어깨에 떠메다가 동으로도 옮기고 서로도 가져간다. 풍신수길이 날마다 늘 지팡이 짚고 삽을 메고 직접 공사를 독려하여 혹한과 무더위도 피하지 않으니 덕천가강 등이 분주히 역사에 복무하며, 심지어 직접 일꾼에게 소리까지 쳐 가면서 힘을 보태고 있는 모양이 노예와 같았다.

풍신수길이 죽은 뒤 복견성이 비어 있는 때가 있었다. 그래서 나는 왜중을 따라 몰래 성에 들어가니, 다섯 걸음에 절 하나, 열 걸음

---

1) 이것은 풍신수길이 장수들의 역량을 소모시켜 모반할 여유를 주지 않으려는 정책이었다.

에 누각 하나, 이리 돌고 저리 뻗어 길이 어데서 어데로 통하는지 참으로 미궁이어서 나가는 데를 알 수 없었다. 설사 신명과 귀신이 있어 자재를 옮겨 놓고 실어 오고 했다 하더라도 해포 동안에 공사를 끝냈으리라고는 생각할 수 없는데 일 년도 못 되어 끝냈다고 하니 풍신수길이 백성들을 몹시 혹사하였음과 이 나라 사람들이 그 호된 공사를 참아 낸 고생이 어떠하였으리라는 것을 상상할 수 있었다.

이보다 먼저 풍신수길은 자식이 없어 누이의 자식을 길러 제 자식을 삼았다. 풍신수길이 자칭 대합(大閤, 왕)이라고 하면서부터는 그 양자를 관백이라고 하였으며 이세와 미장 등 몇 개 주를 나누어 주어 식읍으로 삼았다.

임진년 겨울에 와서는 풍신수길이 총애하는 첩이 아들 풍신수뢰를 낳았다. 어떤 이는 대야 수리대부가 풍신수길의 총애를 받아 늘 침실에 드나들면서 풍신수길의 첩과 간통하여 낳은 것이라고 말한다. 수뢰가 태어난 뒤부터는 관백은 의혹과 불안에 싸여 몰래 딴 뜻을 품게 되었는데, 이를 석전삼성이란 자가 쏘개질하여 풍신수길이 관백에게 자결하라고 하였더니 관백은 기이주 고야산에 가서 머리 깎고 중이 되었다.

풍신수길은 다시 관백이 있는 곳에 가서 그를 죽였다. 왜법에 죽을죄를 범한 자라도 자기가 차지하였던 땅을 내놓고 중이 되면 으레 불문에 부치고 마는데, 풍신수길은 기어이 관백을 죽이고야 말았다고 한다. 관백의 저택을 포위하여 그의 부하들을 깡그리 죽여 버리고 저택을 빼앗아 가하 대납언 전전이가에게 주었다.

이리하여 국내의 문제들은 겨우 진정된 셈이나 우리 나라를 침범한 군사 행동이 아무런 성과가 없어 논란 거리가 되었다. 덕천가강 등은 지금 다시 침략을 한다는 것은 무모한 일이라고 하였고, 석전 삼성은 항상 하는 말이 66주면 족하거늘 어찌 남의 나라에 대군을 몰고 나가 모험을 감행할 필요가 있겠는가 하였다. 오직 가등청정만이 다시 침공하는 것이 좋다고 주장하였다.

풍신수길은 말하기를 해마다 군대를 출동시켜 조선 사람을 온통 죽여 버려 조선을 빈 땅으로 만든 다음 서로의 사람들을 옮겨 조선에 살게 하고 동로의 사람들은 옮겨 서로에 살게 하면 10년 뒤에는 반드시 성공할 것이라고 하였다.

이리하여 드디어 싸움을 다시 하기로 결정하였다. 풍신수길은 모든 왜에게 명령을 내렸다.

"사람은 귀는 둘이라도 코는 하나이니 조선 사람의 코를 베어 머리를 대신하라. 군대 한 명이 코 한 되씩 수량이 찬 뒤에야 생포를 허락하리라."

모든 왜가 이 명령에 따라 각기 우리 나라 사람의 코를 베어 소금에 절여 풍신수길에게 보냈다. 그 코를 풍신수길이 본 다음 모아 북쪽 교외 10리 밖 대불사 곁에 묻어 높은 언덕을 이루었으니 살육의 참상을 이로 짐작할 수 있다.

무술년(1598) 5월에 모든 왜가 영남 바다에서 다 돌아갔는데 오직 가등청정, 소서행장, 도진의홍, 종의지, 흑전장정 등 10여 부대만이 우리 나라에 머물러 있었다. 풍신수길은 장수들에게,

"조선 전쟁이 지금까지 끝을 맺지 못함은 무슨 까닭인가?"

하고 물었다. 그러자 덕천가강 등은 한결같이,

"조선은 큰 나라입니다. 동쪽을 찌르면 서쪽을 지키고 왼쪽을 치면 오른쪽에 모이니 설사 십 년 기한으로 싸운다 해도 승산이 없

습니다."

하고 대답하였다.

풍신수길은 눈물을 흘리면서,

"공들은 나를 늙었다고 그러는군. 내 처음 뜻은 천하에 어려운 일이란 없다고 생각했다. 지금은 늙었어. 여생이 얼마 없구나! 그러면 조선과 휴전하고 강화하는 것이 어떻겠는가?"

하니, 부하들이 모두 대답하였다.

"나라를 위하여 다행한 일인 줄로 아룁니다."

당시 풍신수길 그놈의 거만한 낯짝과 말버릇을 생각해 볼 때 가슴이 쓰라리고 뼈가 저림을 금할 수 없다. 그러나 강화하자는 말은 죽기 전에 그놈의 입에서 이미 나온 것이다.

간악한 자의 말로

풍신수길은 본성이 매우 간사 교활하여 해학과 조소로 아랫사람들을 희롱하였다. 그는 덕천가강 등을 깔보고 희롱하기를 어린애 다루듯 하였으며 또 음료 팔기, 떡 팔기 장난을 좋아하여 덕천가강 등에게 행인이 되어 사 먹는 흉내를 내게 하는 장난질도 시켰다.

또 그는 오로지 권모술수로 장수들을 통제해 왔다. 그가 일찍이 영을 내어 "오늘밤 동쪽에서 잔다." 하고는 어두워서는 서쪽에 가 있었다. 이는 조조의 의총[2]과 같은 수법인 것이다. 또 그가 일찍이

---

2) 조조가 미리 무덤 72개를 만들어 두어 자기가 죽거든 묻되 사람들이 어느 것이 진짜 무덤인지 모르게 하였다고 하여 의총疑塚이라고 한다.

사냥을 나가서 죽은 체하고 한참이 되도록 깨나지 않았다. 여러 종자들은 모두 당황하여 어쩔 줄을 몰랐다. 그러나 대신은 태연히 앉아 있었으니 이미 거짓임을 알았기 때문이다. 그때 풍신수길은 퍽 오랜 뒤에야 다시 살아나는 시늉을 하였다.

풍신수길은 무술년 3월 그믐께부터 병들어 스스로 죽을 것을 알고 장수들을 불러 뒷일을 부탁하였다. 덕천가강더러는 풍신수뢰의 어미를 처로 삼고 정사를 대행하다가 풍신수뢰가 다 자라거든 정권을 돌려주라고 하였다. 가하 대납언의 아들 비전수 전전이장더러는 수뢰의 아비가 되어 우희다수가와 함께 끝까지 풍신수뢰를 받들어 대판에 있으라고 하였다.

풍신수길은 또 남의 딸을 많이 데려다 길러 제 딸을 삼고는 좀 권력을 가진 자들을 다 사위로 삼아 농락하였다. 금은과 토지로 후하게 상을 주어 뒷날까지 길이길이 은혜를 생각하도록 하여 딴 뜻을 버리게 하였다. 덕천가강의 아들인 강호 중납언의 딸을 수뢰의 처로 삼았다.

대판은 서경으로 섭진주에 있으며 복견은 동경으로 산성주에 있다. 풍신수길은 대내 정책상 대판의 여러 조건이 복견보다 더욱 유리하므로 덕천가강에게 동부 장수들을 거느리고 대판에 있게 하여 서부의 여러 장수가 모반함을 방지케 하였다. 또 모리휘원에게는 서부 장수들을 거느리고 복견에 있게 하여 동부의 장수들이 일을 꾸미는 것을 방비케 하였다. 그러고는 대판의 시장 점포들을 헐어 버리고 성지를 크게 늘려 쌓았다.

왜의 본성은 소란스럽게 일을 꾸미기 좋아한다. 그들은 한두 달만 한가하면 반드시 무슨 싸움을 꾸밀 마음을 낸다. 그러므로 힘든 공사에 쉴 틈 없이 동원해 체력과 정력을 다 쓰게 함으로써 그들의 날카롭고 독한 기세를 죽이자는 것이라고 한다.

풍신수길이 죽은 뒤의 왜국 정세

적의 괴수 풍신수길은 죽었으나 왜장들이 동맹을 맺고 풍신수길의 어린 자식을 떠받들기를 기약하였으므로 내란이 일지 않았다.

풍신수길의 유해를 대불사 위에 두고 그 아래 집을 지었는데 굉장히 화려하였다. 기이주 웅야의 백성들이 모반하는 것을 덕천가강 등이 장수들을 보내어 진압하였으니, 풍신수길이 남긴 위세가 아직도 국내에 떨치고 있어서 권모술수로 농락할 수 있기 때문이다. 그러나 권모술수가 어찌 사람의 수족을 끝내 제어할 수 있으랴. 그 권모술수 가운데 싹트고 있는 숨은 화가 오래면 반드시 터져 나올 것이라고 한다.

춘추 전국 시대 같은 왜국 정세

덕천가강 등이 석전삼성(이시다 미쓰나리)에게 지시하여 우리 나라에 건너가서 도진의홍, 가등청정과 소서행장 등을 불러 철수하게 하라고 보낸 지 며칠 되던 날이었다. 가등청정이 특사를 보내어 전쟁이 위태로워졌다는 급보를 전했으며 석전삼성도 그런 정보를 받고 비전에 머물러 감히 건너가지 못하고 있는 형편이었다. 덕천가강 등이 원병을 보내고자 하나 나서는 자가 없었다. 원병을 보내지 않으면 왜군은 지고 말 것이라고 불안과 초조에 휩싸였을 때 등당고호가 홀로 가기를 청하니 덕천가강이 반겨 허락하였다.

얼마 안 되어 급보가 또 왔다. 중국 군이 사천에 있는 도진의홍의 진을 포위하여 도진의홍이 거짓 패해서 성안으로 들어가고는 성문을 닫지 않았더니 중국 군이 성안으로 쓸어들었다. 이때 도진의홍이 군사를 풀어 돌격하니 성에 들어온 중국 군은 한 사람도 살지 못했다는 것이다. 왜가 이를 듣고는 좀 생기가 있는 듯하지만 왜놈들이란 수급을 과장하기 좋아하니 그 허실을 아직 알 수 없다.

왜국의 정세를 보니, 우리 나라에서 대책을 마련하기 위하여 꼭 조정에서 명철하게 통찰해야 하고 또 왜놈의 실정에 비추어 우리의 정책을 알맞추 마련해야 하기에, 현재 왜놈의 정체와 그에 기초한 세 가지 방책을 갖추 기록하였다. 그러고는 왜말을 알고 믿을 만한 우리 나라 사람을 골라 왜선을 타고 귀국해서 이를 우리 임금께 바치도록 하였다. 그러나 그가 미처 떠나기 전에 왜가 모두 우리 나라에서 철수하였다.

무술년(1598) 섣달 보름이 지나서 가등청정과 흑전장정이 먼저 왜경에 도착하고 소서행장과 도진의홍은 섣달그믐께 도착하였다. 가등청정은 먼저 와서 소서행장의 비겁함을 비웃더니, 소서행장이 와서는 또 가등청정이 조선 왕자와 만나기로 해 놓고는 진영을 불지르고 급작스레 물러나서 화의를 맺으려던 일이 거의 성사될 때 파탄내고 말았다고 고아댔다. 소서행장은,

"나와 도진의홍은 중국 사신을 데리고 조용히 뒤로 왔으니 내가 비겁한가, 가등청정이 비겁한가?"
하였다.

또 모리휘원 등은 화의가 성립되지 못한 허물을 가등청정에게 돌리고 가등청정은 또 처음에 조선과 전쟁을 일으킨 것이 바로 소서행장이라고 하여 논의가 떠들썩해서 틈이 더욱 벌어졌다.

석전삼성이란 자는 풍신수길이 몹시 총애하던 신하로 식읍이 근강주에 있는데 토지의 비옥함이 왜국에서 제일로 꼽힌다. 그는 풍신수길이 살았을 때 위문정 증전장성(마시다 나가모리), 탄정 천야장정(아사노 나가마사), 덕선원 전전현이(마에다 겐이), 대장두 장속정가(나쓰카 마사이에)와 다섯 봉행이 되어 국론을 좌우하고 있었다.

정유년에 전선에서 돌아온 복원 우마조福原右馬助란 자가 석전삼성을 통하여 전선에 나가 있는 장수들이 적을 회피하거나 관망할 뿐 진격하지 않는다고 풍신수길에게 고하여 봉수하 아파수, 흑전장정, 등당고호, 가등청정, 주마두 조천장정主馬頭早川長政, 죽중 원개竹中源介 등이 모두 꾸지람을 당했다. 그리고 풍신수길이 조천장정과 죽중 원개 등의 풍후주의 6만 석 거리 토지를 빼앗아 복원 우마조에게 상으로 주었다.

그런데 가등청정 등이 다 돌아와서는, 풍신수길이 이미 죽었으니 복원 우마조를 무슨 구실로든 얽어서 반드시 죽이고야 말겠다 했다. 이렇게 되고 보니 석전삼성 일당이 또한 복원 우마조를 돕는다고 나서 당파가 더욱 갈렸다. 덕천가강은 가등청정, 장강 월중수, 복도 대부, 흑전장정, 봉수하 아파수, 좌도수 등당고호와 천야장정 부자 등과 한패가 되고 그에 붙은 군소 장령들은 이루 다 셀 수 없다. 또 한

편으로 모리휘원은 우희다수가, 목하금오, 석전삼성, 증전장성, 상주常州의 좌죽의선, 오주奧州의 이달정종과 최상의광, 출우의 상삼경승, 장속정가, 도진의홍과 소서행장 등과 한패가 되고 그에 붙은 자는 더 많다. 그리하여 밤낮으로 모여 쑤군거리니 무슨 요사스러운 귀신들의 꼬락서니 같기도 하다.

기해년(1599) 정월 12일 덕천가강이 풍신수길이 남긴 명이라 하여 풍신수뢰를 대판으로 보내고 자신은 복견에 머물러 있었는데 무슨 변이 일어날 것만 같아 사람들이 하루에도 여러 번 놀라고 저자의 점포들이 절반은 문을 닫았다.

윤삼월 9일이었다.■ 가등청정 등이 무장한 군대를 거느리고 복견에 올라와서 석전삼성을 치려 하였다. 이때 모리휘원의 참모인 안국사라는 중이 모리휘원을 설복하였다.

"관백 섭정은 단 한 사람뿐입니다. 신하의 부귀로서 공만 한 이가 없거늘 싸움을 왜 하려 합니까?"

모리휘원도 그렇게 생각하고 드디어 안국사에게 덕천가강을 설복케 하였더니 덕천가강도 동의하였다. 또 장속정가란 자는 석전삼성의 처가인데 역시 석전삼성을 설복하여 덕천가강한테 가서 화해케 하였으니 모리휘원 등이 드디어 덕천가강을 추대하여 맹주를 삼아 복견성에 들어가 있게 하였다.

그런데 덕천가강은 석전삼성을 주동자라고 하여 그 아들을 볼모로 잡아 두고 석전삼성을 그의 식읍으로 내쫓았으며, 또 복원 우마조는 장본인이라 하여 토지를 빼앗아 주마두 조천장정 등에게 도로

■ 이 해 왜의 책력에는 윤삼월이 있으므로 그것을 따랐다.

주니, 복원 우마조는 머리를 깎고 중이 되어 이름을 녹운綠雲이라 고치고는 절을 짓고 살았다. 대체로 지금 왜국 정세가 중국의 춘추전국 시대를 방불케 하고 있다.

가등청정은 성품이 본래 음흉하고 모진 작자이므로 덕천가강을 권하여 석전삼성을 치게 하고는 난을 일으키려 했는데 덕천가강이 석전삼성과 화해하게 되니 결국 자기의 흉악한 음모를 실현할 수 없어 실컷 투덜거리다가 드디어 덕천가강을 배반하고 전전이장, 우희다수가, 이달정종, 장강 월중수, 천야장정 부자 등과 맹약을 맺어, 함께 덕천가강을 멸하고 그 토지를 나눠 갖기를 꾀하였다. 공모에 참가치 않은 자는 오직 모리휘원, 목하금오 등 대여섯 사람뿐이다. 맹약은 이미 정하였으나 그들의 지위와 위신이 어슷비슷하여 통제할 사람이 없으니 전전이장과 가등청정 등 태반은 영지로 돌아가 버렸다.

기해년(1599) 9월 9일에 덕천가강이 풍신수뢰를 대판에서 만나기로 하였다. 전전이장 일당이 미리 알고 길가에 숨어 있다가 치되 토견 감병土肩勘兵이란 자가 덕천가강을 찌르기로 하였다. 그런데 석전삼성은 이미 가등청정과 감정이 있을 뿐더러 덕천가강한테 잘 보이려고 이 일을 밀서로 덕천가강에게 알려 주었다. 그리하여 덕천가강이 이를 천야장정에게 물으니 천야장정은 굳이 숨기고 부인하였다. 전에 풍신수길의 양자 관백이 풍신수길에게 살해되었을 때 또 천야장정이 관백의 당으로 체포되어 장차 죽게 된 것을 덕천가강이 애써 구해 주어 살았다. 그러므로 덕천가강은 천야장정을 심복으로 알아 왔다. 그래서 이 일을 제일 먼저 천야장정한테 물었는데 천야장정은 이미 전전이장과 맹약하였으므로 숨기고 고하지 않았다. 다음으로 위문정 증전장성한테 물었더니 그는 들었다고 대답하였다.

이리하여 덕천가강은 크게 성이 나서 천야장정더러 자결하라고 하였다. 그런데 천야장정이,

"풍신수뢰가 비록 어린 임금일지라도 나에게 죽으라고 한다면 내 마땅히 들으려니와 내부(덕천가강)가 비록 윗자리라 하더라도 나는 좇을 수 없소."

하였다. 덕천가강은 드디어 천야장정을 쫓아내어 식읍으로 돌려보냈다.

덕천가강은 또 풍신수길이 남긴 명령이라 하여 풍신수뢰의 어미로 처를 삼으려 하였더니 풍신수뢰의 어미는 이미 대야 수리대부와 통하여 임신하였으므로 거절하고 듣지 않았다. 덕천가강은 더욱 분노하여 대야 수리대부를 잡아 관동으로 귀양을 보내고는 도중에 죽였으며 또 토견 감병도 관동으로 귀양 보냈다. 그러고는 관동 장수들에게 무장 군대를 거느리고 전전이장이 올라오는 길을 지키게 하고 자신은 대판에서 불안과 의혹을 진정시키기에 노력하였다. 또 맏아들 삼하수와 작은 아들 일기수에게 복견성을 지키게 하고 가운데 아들 강호 중납언에게 관동의 본거지를 지키게 하였다.

그러고는 자기 군에 돌아가 있는 왜장들을 급히 불러 올려 그들의 거취를 살피기로 하였다. 덕천가강에게 붙은 자는 잘 보이려고, 덕천가강의 뜻을 거스른 자는 해명하려고 한꺼번에 올라왔다. 그러나 오직 가등청정은 명령을 듣고도 그냥 늘어지고 있다가 석 달이 지나서야 올라왔으며 장강 월중수란 자는 단후의 자기 성을 고쳐 쌓으면서,

"여기를 지키면 그만이지 덕천가강을 위해 굳이 뭘 하겠는가?"

하였다.

이때 모리휘원이 한 팔만 내두른다면 승패가 이내 결정될 것이언 마는 두 장수 녀석이 이미 화해하였으니 다른 왜가 감히 움직이지 못하였다.

또 덕천가강이 우희다수가와 목하금오에게 복견성에 가 있게 하였더니 우희다수가는 거절하며,

"대합(풍신수길)의 유언에 비전수 전전이장과 우리 두 사람더러 함께 수뢰를 받들고 대판에 있으란 말이 아직도 귀에 생생하니 감히 내부의 명을 들을 수는 없소."

하였다. 그러나 덕천가강이 그 말을 굳이 듣지 않아 우희다수가는 부득이 복견으로 옮겨 갔다. 처음에 풍신수길은 모든 왜관들에게 저택을 왕경, 복견, 대판 등 세 곳에 주어 마음대로 오가며 살게 하였다. 그런데 덕천가강이 대판에 있자 왜들이 다 지방으로 내려가 버리니 복견이 텅 비었다.

왜장들은 부하들의 생사를 결정한다

덕천가강의 영지는 관동에 있고■ 모리휘원의 사읍은 산양과 산음에 있는데■ 왜들의 말이 관동에서 왜경까지 덕천가강은 쌀섬으로 길을 만들 수 있고 모리휘원은 은전으로 바다에 다리를 놓을 수 있다고 하니 엄청난 부자이다. 다른 여러 왜들도 이와는 어림없지만 다금

■ 관동에서 왜경까지 먼 데서는 20일 길이고 가까운 데서라도 15일은 걸린다.
■ 산양, 산음에서 왜경까지 먼 데서는 15일 길이고 가까운 데서라도 7~8일은 걸린다.

다금 차이가 있는데, 그들의 부가 어느 정도인지 미루어 알 수 있다. 1천 석 거리 땅에서는 정병 50인을 양성하고 1만 석 거리 땅에서는 정병 500인을 양성하니 군대 수는 양곡 양에 의해서 알 수 있다.

덕천가강, 모리휘원, 상삼경승, 좌죽의선, 이달정종, 최상의광, 도진의홍, 용장사, 생전, 굴미, 굴리, 통정정차, 진전창행, 토좌수 장증성친, 찬기주의 생구 아악은 그들이 차지한 토지가 다 세습하는 것이고 부하들도 다 대대로 내려온 신하들이니 만일 주장이 패하여 자결하면 부하들도 다 따라 자결하는 것이다.

나머지 여러 왜들은 원래 머슴살이, 종살이하던 천인들로서 풍신수길이 일어날 때 풍신수길을 위하여 힘과 용맹을 바쳤기 때문에 부귀해진 자들이다. 토지는 다 새로 얻은 것이며 부하들은 다 갑자기 어찌어찌해서 모인 어중이떠중이다. 설사 토지의 크기가 우희다수가나 목하금오와 비등하고 병사가 용감하기로 가등청정이나 장강월중수와 견줄 수 있다 치더라도 만일 주장이 싸움에 패하여 자결한다면 그 부하들은 흩어지거나 항복하고 말 것이라고 한다.

나는 일찍이 왜장에게도 왜졸에게도 물어보았다.

"사는 것을 좋아하고 죽는 것을 싫어하는 것은 인지상정인데 일본 사람들은 유독 죽기를 즐기고 살기를 싫어하니 웬일이냐?"

대답은 다 같았다.

"일본 장관들이 백성들의 생존권을 틀어쥐어, 말하자면 터럭 하나라도 백성의 것이 못 되니 어차피 장관 집에 붙지 않고는 옷과 밥이 나올 데가 없구려! 장관 집에 붙어먹는다면 이 몸이 이미 내 몸이 아닌 것이니 장관을 위해 서슴없이 몸을 바쳐야 한다오. 비겁하다는 소문이 한번 나게 되면 어데를 가나 받아들여지지 못하며 차고 있는 칼을 깨끗이 손질만 못 해도 사람으로 쳐주지 않소이다. 칼이나 창에 찔린 흔적이 얼굴에 있으면 용감한 장부라고 일컬어 녹을 많이 받고 그것이 귀 뒤에 있으면 도망치기 잘하는 자라고 버림을 받는구려. 그러므로 밥줄이 끊어져 죽을 바엔 차라리 적 앞으로 달려 나가 죽기를 다퉈 용감히 싸우는 것만 못하니 이게 실은 내 몸 위한 이해타산이지 주인 위한 계책이 아니라오."

대체로 뱀과 전갈 같은 악독함과 호랑이 같은 탐욕으로 잔인한 행동을 저지르는 그들의 소란스러운 호전성은 다만 그들의 천성에서 연유한 것이고 그들의 이목에 젖은 데서 온 것일 뿐 아니라 그들의 법도 그쪽으로 강요하고 그들의 상벌도 그리로 내몰기 때문이다. 그러므로 장령들은 태반이 노복 출신이지만 다 목숨을 바치는 군사를 얻을 수가 있고 졸병들 태반이 취약하지만 다 적을 향하여 죽기로써 싸울 수가 있으니 막강한 적이란 이놈들인 것이다. 하물며 그 병력이 수십만임에랴!

오랑캐를 방어할 정책에 관하여

천하의 화근이란 으레 소홀함에서 오는 것이다. 우리 나라에서 여진족을 방비하기 위해서는 남병사, 북병사를 두어 다 2품의 높은 봉록으로 대우하며 서평사, 북평사를 두어 다 명망 있는 문관으로 임명하는데 호남 영남 등지의 장수들은 오직 낮은 대우 그대로이다. 2품의 높은 봉록과 명망 있는 문관이라서 그것이 직접 방어에 도움 줄 것은 없더라도 남쪽은 소홀히 하고 북쪽만 중시한다는 것은 이로써 알 만하다. 내가 생각건대 백만의 여진족이 십만의 왜졸을 당하지 못할 터인데 우리 나라에서 남쪽을 가벼이 여기고 북쪽을 중히 여김은 무슨 까닭인지 모르겠다.

내가 마음속으로 혼자 생각도 해 보고 왜한테 물어도 보니 수백 년 전에는 왜국의 법령이 우리 나라나 중국과 다르지 않았다. 부귀한 집에는 노비를 두었고 평민들은 자기 밭이 있었으며 수령들을 교체하는 법이며 과거로 인재를 선발하는 것이 대체로 같으니 왜국도 평온한 나라였다. 그러나 관동 장군 원뢰조(源賴朝, 미나모토 요리토모)부터 국내 전쟁을 일으킨 이래 드디어 전국戰國이 되고 말았다.

총을 쏘는 자도 전에는 없었다. 그들은 다만 창 쓰기, 검 쓰기가 능사였을 뿐이었다. 50년 전에 남만의 배 한 척이 표류하여 왜국에 닿았는데 총포와 화살과 화약 등이 가득 실려 있었으므로 왜는 이때부터 총 쏘는 법을 배우기 시작했다. 왜의 천성이 영리하여 40~50년을 잘 배워 왔으니 총의 명수가 온 나라에 널려 있다. 이리하여 지금의 왜놈은 옛날의 왜놈이 아니며, 우리 나라의 방어는 또 옛날의 방어로는 안 되게 되었으니 국경의 방비를 전보다 백배나 더 하지 않으면 안 된다.

지금부터 남쪽보다 북방을 중시하던 전날의 국방상 폐해를 절실히 느껴 뜯어고치고, 한편으로는 인심을 수습해 국경의 방비를 튼튼히 하고 장수를 택하고 성곽을 고쳐 쌓고 함선을 정비하고 봉화를 성실히 하고 병사를 훈련하고 병기 보수를 무엇보다 먼저 부지런히 해낸다면 나라를 위하여 다행한 일이 아닐 수 없다.

오랑캐를 방어하는 정책이나 기근을 구제하는 정책이나 같다. 기근을 구제하는 정책에는 두 가지가 있을 뿐이니 하나는 농민들의 생활을 안정시켜 즐거움을 불러옴으로써 농사 채비를 잘하여 풍년이

들게 하는 것이다. 다른 하나는 양곡을 저축하는 것이다. 기근을 당했을 때 갑자기 서둔대야 다시 무슨 방책이 있겠는가. 오랑캐를 방어하는 정책도 두 가지가 있으니 하나는 정치에 원칙이 서 있어 제도 문물이 발달하고 국력이 튼튼하여 외적이 감히 엿보지 못하게 하는 것이다. 또 다른 하나는 변방 방어를 충실히 하는 것이다. 적이 침입한 뒤에 갑자기 서둔대야 다시 무슨 대책이 있겠는가.

조선으로 돌아가다

　왜경에 온 이래 왜국의 내정을 알려고 틈틈이 왜중들과 교제하였다. 그중에는 글도 알고 이치도 아는 자들이 없지 않았다. 의원 노릇도 하는 의안意安과 이안理安이란 중도 자주 와서 감시받고 있는 나를 만난다. 또 묘수원妙壽院의 중 순수좌(후지와라 세이카)란 자는 경극황문 정가京極黃門定家의 자손이며 단마수但馬守 적송광통(赤松廣通, 아카마쓰 히로미치)의 스승으로서 자못 총명하여 옛글도 잘 알고 글에 통하지 못한 것이 없는데 성질이 또 칼칼하여 왜들 사이에 끼지 않았다. 일찍이 덕천가강이 그가 재주 있고 현명하다는 소문을 듣고 그에게 왜경에 집을 짓고 일 년에 쌀 2천 석씩 주기로 하였으나 순수좌는 집도 쌀도 받지 않고 다만 약주 소장 승준과 적송광통과 상종할 뿐이다.
　적송광통이란 자는 왜국의 환무桓武 천황의 9대손이다. 육경을 몹시 좋아하여 바람이 불건 비가 오건 말 위에서건 언제나 책을 놓는 때가 없지만 타고난 머리가 둔하여 왜국 언해를 보지 않고는 한 줄도 읽지 못한다.

순수좌가 일찍이 내게 이런 말을 하였다.

"일본 백성들이 지금처럼 심하게 들볶인 적은 일찍이 없었습니다. 조선이 만일 중국 군대와 함께 일본 백성을 위로하고 전범자를 정벌하려면 우선 투항한 일본 사람과 통역에게 일본 글로 방을 내걸어 사정을 알려 일본 백성들을 도탄에서 건져 줄 뜻을 보여야 할 것입니다. 이리하여 군대가 지나는 곳마다 백성들에게 털끝만치도 해를 끼치지 않는다면 비록 백하관白河關까지 이르더라도 좋을 것입니다. 그러나 만일 우리가 조선 사람한테 살육 약탈을 저지른 것처럼 여기 와서 똑같이 한다면 대마도 하나도 복종시키지 못합니다."

또 그는 우리 나라의 과거 절차와 춘추 석전釋奠과 경연經筵과 조정의 이러저러한 규정을 묻기에 초야에 묻힌 사람으로 미처 듣지 못했다고 대답하고 다만 과거 제도와 석전 절차만 대강 일러 주었다. 그는 처연히 길게 한숨지으며,

"애달파라 중국에 나지 못함이여! 또 왜 조선에 나지 못하고 일본에, 그것도 바로 이런 때 났을까요. 내가 신묘년(1591) 삼월에 살마주로 내려가 배를 타고 중국으로 건너가려 했더니 병에 걸려 도로 서울로 돌아왔습니다. 병이 좀 낫거든 조선으로 건너가려 하였더니 또 연이어 전쟁이 벌어져 나 같은 사람을 받아 줄까 싶어 감히 바다를 건너가지 못하였구려! 귀국을 구경하지 못하는 것도 아마 운명인가 봅니다."

하였다. 그는 또,

"일본의 장관들은 다 도적놈들이지만 오직 적송광통은 자못 사람답습니다. 일본은 본래 상례가 없지만 적송광통은 홀로 삼년상을

치렀고 중국의 제도와 조선의 예법을 몹시 좋아하여 의복, 음식 따위 작은 것에 이르기까지 반드시 중국과 조선을 본받으려 하니 비록 일본에 살기는 해도 일본 사람이 아니랍니다."

하더니, 내 일을 적송광통에게 말하였다. 적송광통이 때때로 내게 와서 안부하며 자기는 가등청정, 좌도 들과 틈이 벌어져 있으니 우리의 친분을 좌도 집에서 절대 모르게 해야 한다고 하였다.

또 그는 우리 나라 선비로 포로로 와 있는 사람들과 우리 형제에게 육경을 써 달라고 부탁하고는 비밀리에 우리에게 은전을 주어 생활비와 장차 돌아갈 노자를 준비케 하였다. 그는 또 우리 나라의 《오례의》와 《군학석채의목》[1]을 구해 보고는 자기의 사읍인 단마에다 공자묘를 세웠으며 또 우리 나라의 제복과 제관을 만들어 더러 부하를 데리고 제사하는 의식을 익혔다.

올 2월 9일에 좌도가 자기 사읍에 있다가 덕천가강의 명령을 받아 복견에 왔다. 대구에서 포로로 잡혀 와 있는 김경행金景行이 왜국 언문(가나)을 쓸 줄 알기에 우리는 그 사람을 시켜 왜의 글로 아래와 같이 써서 좌도에게 주었다.

"우리 열 식구를 공으로 먹이고 있으니 네게 이로울 게 없으며 또 우리는 사 년 동안 갇힌 신세이니 그대로 둔다면 죽는 것만 못하다. 만일 죽이지 않으려거든 우리가 너희 집에서 나가는 것을 허락할 것이며, 만일 나가는 것을 허락하지 않는다면 우리는 살지 않을 것이다."

---

1) 《오례의五禮儀》는 길, 가, 빈, 군, 흉례 다섯 가지 예의를 쓴 책이고, 《군학석채의목郡學釋菜儀目》은 군의 향교에서 봄가을로 행하는 제전 절차를 적은 것이다.

하였다. 왜중 경안慶安이 또 좌도에게 힘껏 권유하여,
"어버이를 생각하고 고국을 그리워하기는 서로 마찬가지지요. 여기서 나가게만 한다면 혹 돌아갈 수도 있으리다."
하여, 좌도란 자는 곧 우리 일가를 풀어 주었다.

그리하여 나는 전에 약속한 적 있는 우리 나라 선비들을 모으고 왜인 집에 있는 사공도 불러내어 그동안 벌어 모아 둔 은전으로 몰래 배 한 척과 배 안에서 먹을 양식을 샀다. 그러고는 이국 사람으로 선불리 범의 소굴을 지나다가는 뜻밖의 봉변을 당할 수 있어 순수좌와 적송광통한테 찾아가서 무사히 돌아갈 수 있도록 힘을 빌려 달라고 하였다. 적송광통은 사택 지마수寺澤志摩守의 증명서를 얻어 주어 관문을 통과할 수 있도록 하고, 순수좌는 또 배에 익숙한 사공 한 사람을 더 붙여 주어 항로를 인도하여 대마도까지 배웅하고 돌아오게 하였다.

나는 드디어 식솔 열 명과 우리 나라 선비들과 사공과 그의 처와 딸 등 모두 서른여덟 사람을 한 배에 태우고 4월 2일에 왜경을 떠났다. 배꾼이 서투르고 바람씨 또한 불리하여 5월 19일에야 비로소 부산에 도착하였다.

포로 된 사람으로 왜에서 빠져나오다가 으레 대마도에서 걸리니 악귀의 문턱으로 여겼다. 그러므로 나는 격서 한 장을 써서 함께 떠나오는 선비들을 일깨워, 모든 일은 반드시 바른 길로 돌아가기 마련이라는 뜻을 불어넣어 대마도를 두려워하지 않게 하였다.

고국에 돌아와 임금께 올린 글

〔詣承政院啓辭〕

왜장이라는 자 가운데 한문을 아는 자는 하나도 없고 그들이 사용하는 글자는 우리 나라 이두와 비슷한데 그 글자의 본뜻을 물으니 막연히 알지 못했습니다. 무경칠서武經七書는 사람마다 가지고 있지만 반 줄도 내려 읽는 사람이 없습니다. 그들이 흩어져 멋대로 싸워 한때 통쾌하게 승리할 줄은 알지만 병가의 임기응변에 대하여는 들어 볼 만한 게 도무지 없습니다.

고국에 돌아와 임금께 올린 글

경자년(1600) 5월 19일 부산에 도착하자 이 일이 조정에 보고되었고 임금께서 부르시어 서울에 이르렀다. 임금께서 왜국 사정을 하문하신 바도 있었거니와 나는 또 이 글을 써서 바쳤다. 임금께서는 차비문差備門[1] 밖에 나에게 술상을 내리시고 또 말을 주어 돌아가 내 아버지를 보게 하셨으니 때는 8월 초였다.

왜가 다시 침략할지

소신이 왜경을 떠나던 날 왜중 순수좌는 대구에서 잡혀 온 김경행을 통역으로 불러 신의 귀에 대고 가만히 이런 말을 일러 주었습니다.
"어제 축전 중납언 목하금오를 만났더니 덕천가강이 내년에 조선을 다시 침범하리라 하니, 만일 그렇게 된다면 나도 가게 될 것입니다."

---

1) 대궐 안 임금이 있는 편전의 앞문.

또 그는 이어,

"풍신수길이 살았을 적엔 덕천가강이 적극 철수하기를 주장하였는데 지금 전쟁 논의를 하는 것은 필시 덕천가강이 비전肥前, 비전備前 등과 틈이 생겨 그들을 그대로 두었다가는 무슨 변이나 일으킬까 저어하여 조선에 출병함으로써 그들의 병력을 소모시키자는 것이지요. 그러나 올해 안에 비전과 화의가 이루어지지 못하면 근본이 안정되지 못하니 조선서는 걱정이 없으려니와, 만일 화의가 이루어지면 군사 동원이 있을 것은 의심할 바 없으니 그게 아마 내년일 것입니다. 조선에서는 미리 준비해야 할 것이니 공이 돌아가서 오늘 내 말을 부디 잊지 말기를 부탁합니다. 조선 사람들이 죄 없이 풍신수길의 병화를 입었으니 이를 생각하면 참으로 기가 막혀 지금 이렇게 일러 주는 것입니다."

하였습니다.

또 의원 이안이란 사람이 축전 중납언 목하금오의 처소에서 와서, "내년에 다시 조선에 군사를 보낼 것이며 그때 덕천가강이 맏아들 삼하수를 대장으로 삼을 것이외다."

하였습니다.

신은 놀라움과 의혹을 금치 못하여 며칠간 출발을 물리고 여러 곳에 물어 알아보니, 어떤 이는 말하기를 올 정월에 덕천가강이 5만 석 넘는 토지를 가진 왜들에게 각기 아들을 볼모로 관동에 보내라 하여 모든 왜들이 양자를 보내기도 하고 친아우를 보내기도 하였는데, 오직 가등청정과 장강 월중수 등에게는 그의 친어머니나 친자식을 보내라고 강요하였다 합니다.

그리고 덕천가강이 정월 초하룻날 장차 왜경에 가서 왜황을 만나러 하였는데 가등청정 들이 무장 군대를 이끌고 먼저 앞질러 복견에 올라와서 덕천가강을 맞으려 했더니, 덕천가강이 이를 듣고 병을 핑계로 올라오지 않으므로 왜들이 다 덕천가강의 비겁함을 비웃었다 합니다. 또 약주 소장 승준은 당시 풍신수길의 본처를 보호하여 왕경에 있으면서 덕천가강이 온다 하여 황금 40여 정을 들여 접대 준비를 했는데 병 핑계로 오지 않는다는 말에 몹시 섭섭해했다고 합니다.

"가등청정 등의 뜻은 조선에 있지 않고 딴 데 있으므로 덕천가강은 일찍이 하루도 이 무리들을 잊어 본 적이 없지요.

일본이 수백 년 이래 사분오열이 되어 관동이 한 나라가 되고 오주奧州가 한 나라가 되고, 중국이 한 나라가 되고 사국四國이 한 나라가 되고, 구주九州 또한 한 나라가 되지 않았는가요! 그러다가 직전신장이 나와서 잠시 통합되더니 그의 말년에 또다시 갈렸으며, 풍신수길이 나와서 또한 잠시 통합되더니 지금 그가 죽었으니 정세가 또 장차 갈릴 것입니다. 만일 다시 갈린다면 뒤에 반드시 풍신수길 같은 자가 다시 나온 뒤에야 통합될 텐데 그러면 조선에 또 병화를 일으킬 수 있으리라 생각합니다. 그러나 세상일이란 아침저녁으로 달라질는지 오랫동안 그대로 굳어 있을는지 모르지요.

덕천가강은 넓은 영토와 많은 백성을 차지하고 두 서울의 지리상 유리한 조건에 기대어 모든 왜들을 호령하고 있으니 심복은 적다 하더라도 따르는 자들은 많으니 아직 건드리지 말고 두고 보는 것이 곧 귀국에 득이 될까 합니다."

이는 차아원嵯峨院의 왜인 여일與一의 말입니다.

모리휘원의 참모 안국사라는 자는 늘 자기 나라의 정사에 관여하고 있으며 또 그의 주위에 있는 자들은 다 우리 나라 사람들로서 조국을 잊지 않고 있는 자들입니다. 그래서 지나는 길에 은밀히 그들을 불러 물어보니 그들은 한결같이,

"수십 년 동안은 대외 전쟁을 일으키는 일은 없을 것입니다. 왜들끼리 서로 구유의 콩을 다투고 있는 판이니 그들의 근심거리는 내란입니다. 어느 겨를에 외국 침략을 생각할 수 있으리까."

하였습니다. 앞뒤 들은 바가 다 같지 않기에 모두 적어 올립니다.

평조신平調信이란 자는 종의지의 가신이옵니다. 대마도의 일은 다 그의 손아귀에 있어 종의지는 다만 그 결과를 거둘 뿐이옵니다.

신 등이 대마도를 지날 때 종의지는 마침 왜경으로 향하고 있었으며 평조신은 종의지를 위하여 남아 있었는데, 그가 조그마한 배 한 척을 내보내어 신 등에게 어디로 가느냐고 묻기에 신 등은 사실대로 일러 주었습니다.

그랬더니 평조신이 양식과 채소를 보내며 통역을 통해 거듭 만나 주기를 청하기에 신 등은 부득이 배에서 내려 그를 만나 보았습니다. 이때 평조신은 통역을 시켜 매우 공손하고 정중한 태도로 온화하고 유순한 말투로 이렇게 말하였습니다.

"풍신수길이 일본에 난 것도 하늘의 뜻이며 귀국이 혹심하게 병화를 입은 것도 하늘의 뜻입니다. 귀국이 늘 임진년 난리로 그 죄를 이 섬에 돌리고 있으며 또 이 섬에서는 거기에 늘 해명코자 하지만 전후 몇 번에 걸쳐 파견한 사람이 모두 돌아오지 못하고 있으니 사정을 알 길이 없습니다.

이 섬은 두 나라 사이에 있어 풍신수길이 귀국을 침범할 때 저

희가 어찌 막을 수 있었으리까? 그러므로 저희는 병사를 보내기 전에 미리 그 때를 알려 귀국이 방비하도록 조치를 하는 것이 최선이었습니다. 그러나 그처럼 대병력을 휩쓸어 밀고 가니 실로 저희는 억지로 좇을 수밖에 없었습니다.

그러나 세상일이란 예측하기 어려우니 조만간 일본이 쇠약해지고 귀국이 부킹해져서 대군으로 바다를 건너와서 일본을 친다면 이 섬은 또한 어쩔 수 없이 귀국을 좇을 수밖에 없을 것입니다.

본토의 왜가 2백 년 이래 몰래 왜선을 보내 큰 바다에서 호남 언저리를 침범한 일은 있었지만 일찍이 한 번도 영남 연안에 이른 일은 없었으니 이는 다 우리가 막고 있기 때문입니다. 이제 귀국에서 일절 통로를 허용치 않는다면 저희야 감히 귀국을 범하지 않더라도 다른 왜가 이 섬을 지나가리니 그것을 저희가 무슨 말로 막으리까. 좇기 어려운 청은 다 풍신수길이 하였으니 지금은 다시 그런 청은 없을 것입니다.

귀국에서 이 섬에 내려 주시던 쌀은 다시 주실 것을 바라지 않으며 사신도 고관이 필요찮습니다. 다만 부산의 지방관이 보내는 사람으로 예조의 공문을 가지고 오면 우선 이 섬에 있는 포로들은 돌려보내도록 하겠습니다."

이런 말을 듣고 신 등은 물러나와 포로로 있는 우리 나라 사람들한테 들으니 임진년 이래 대마도를 지나는 모든 왜들이 으레 숙소와 장작, 채소 등을 징발하였고 설사 혹 요구치 않더라도 갖추 공급하지 않은 적이 없었으니, 쓸어대는 번거로운 비용에 그만 넌더리가 났다고 합니다. 군사를 거둔 지 이태 만에 겨우 숨을 쉬게 되었으므로 그들은 갖은 방도를 다 강구하여 반드시 우리 나라와 통할 수 있는 길을 얻으려 하여 매양 우리 나라 사람이 바다를 지나면 특례로 접대하여 조정에 좋게 상달해 주기를 기대한다고 하였습니다.

신 등이 또 평조신을 만났을 때,

"우리는 네 해 동안이나 이국에 나와 있어 고국의 일을 도무지 알 수 없는데 다만 중국 군대가 팔도에 가득하다고 들었소."

하였더니, 평조신은,

"이 섬에서도 그렇단 말을 들었습니다. 귀국 예조에 글을 보내고 싶은데 일행께 부칠 수는 없을까요?"

하고 묻기에,

"이 섬에서 조정에 문서를 보내려거든 전용선을 내어 보내시오. 우리가 가지고 가는 것은 옳지 않소."

하니,

"과연 옳습니다. 지극히 옳은 말씀이지요!"

하였습니다.

왜국의 풍속

왜국의 풍속은 온갖 기술에 반드시 한 사람을 내세워 '천하제일'을 창조합니다. 그리하여 한번 '천하제일'의 손을 거친 물건이라면 그것이 아주 나쁘건 초라하건 반드시 금이나 은으로 후한 값을 주고 사며 '천하제일'의 손을 거치지 않았다면 그것이 절묘하더라도 수에 들지 못합니다.

나무를 얽어매는 것, 벽을 바르는 것, 지붕을 이는 것 등 하찮은 기술도 다 '천하제일'이 있으며 심지어 서명하는 것, 서표署表를 다는 것, 수결 두는 것 등의 방법도 다 '천하제일'이 있어 그가 한번 고치고 다듬거나 그가 한번 눈여겨보았다면 곧 금이나 은 30~40정으로 사례를 합니다.

굴전 직부掘田織部라는 자가 풍류스러운 일에서 '천하제일'로 팔리고 있는데 사람들이 꽃이나 참대 같은 것을 심거나 다실茶室을 꾸밀 때 반드시 황금 백 정으로 그의 평가를 요구합니다. 숯 담는 깨진 표주박, 물 긷는 목통이라도 만일 굴전 직부가 귀하다고 평가한 것이라면 다시 값을 논하지 않습니다.

이러한 것들이 이미 습속이 되었으니 학식 있는 자들은 웃지만 금할 수는 없는 것입니다. 굴전 직부의 재산이 덕천가강과 견줄 만하니 그 밖의 '천하제일'도 다 이로써 짐작할 수 있습니다.

우리 나라 사람들은 매양 왜적이 주술에 능하고 점도 잘 치고 천문도 잘 보고 지리와 관상도 잘 본다고 합니다. 그러나 주술이란 전혀 들어 볼 수 없었고, 점이란 다만 생년월일을 가지고 《주역》무슨 괘에 끌어 붙여 그 괘 중에서 단사彖辭나 상사象辭를 베껴서 점 보러 온 자에게 줍니다. 금이나 은으로 복채를 주는데, 만일 길흉을 물으면 다 그 가운데 쓰여 있다고 대답하며, 점 보러 온 자도 그렇거니 하고 그냥 말없이 물러가서 상자 속에 귀중히 간직하고는 남에게 말을 내지 않습니다. 그러나 '천하제일'이란 자가 베껴 주었다면 복채가 매우 후하지만, 그 나머지는 베낀 것이야 다 같더라도 복채는 훨씬 떨어집니다.

천문 지리와 관상을 본다는 것은 예부터 전해 온 일이 없는데 안국사라는 자가 좀 천문을 안다고 합니다. 그러나 역시 엉터리로 뭇 사람을 속이는 데 지나지 않습니다.

의원 노릇하는 중 의안이 일영대日影臺[2]와 구리로 혼천의[3]를 만들어 가지고 천지 사방의 원근을 헤아린다고 하지만 천체의 형상을 보고 세상일을 증험하기에는 어림도 없는 자입니다.

중국 사람 황우현黃友賢 등이 다 부학府學의 생원들로서 바다를 건너 왜경에 와 있는데 자칭 관상도 잘 보고 의술도 용하고 천문도 능하다 하여 왜들은 드디어 그를 '천하제일'이라 일컬었습니다. 그리하여 모든 왜장들이 날마다 가마를 보내 맞아들여 대우와 사례가 대단하니 금은과 비단이 상자에 그득그득하여 왜국에 있은 지 10여 년에 그만 제 나라에 돌아갈 생각도 잊었다고 합니다. 이는 다만 그 사람만 체신 없을 뿐 아니라 실은 왜적들이 어리석고 미혹되기 쉬워 이런 일이 생긴 것입니다.

이른바 왜장이라는 자 가운데 한문을 아는 자는 하나도 없고 그들이 사용하는 글자는 우리 나라 이두와 비슷한데 그 글자의 본뜻을 물으니 막연히 알지 못했습니다.

무경 칠서武經七書[4]는 사람마다 가지고 있지만 반 줄도 내려 읽는 사람이 없습니다. 그들이 흩어져 멋대로 싸워 한때 통쾌하게 승리할 줄은 알지만 병가의 임기응변에 대하여는 들어 볼 만한 게 도무지 없습니다.

이상은 포로로 온 사람들이 직접 듣고 본 것이니, 이러한 사정을 모르는 우매한 백성들이나 무식한 병졸들이 왜인들에게 품고 있던

---

2) 해 그림자로 시간을 헤아리는 기구.
3) 해, 달, 별 등 천체의 운행과 위치를 관측하는 기구.
4) 중국의 일곱 가지 고전 병서로, 《육도六韜》, 《손자孫子》, 《오자吳子》, 《사마법司馬法》, 《황석공삼략黃石公三略》, 《위료자尉繚子》, 《이위공문대李衛公問對》를 말한다.

의혹을 풀 수 있다고 생각합니다.

그들의 가옥 제도는 높아 시원하고 밝고 말쑥한 것을 좋아하고, 재목은 다 뾰족하고 가느다랗고 다루기 좋은 것을 편리하게 여기니, 견고한 데서는 우리 나라 건축에 백분의 일에도 미칠 수 없습니다. 까닭을 물어보니,

"전쟁이 자주 일어나 어느 때 어찌 될지 모르므로 다만 높고 밝은 것에만 치중할 뿐 견고한 데는 관심을 두지 않는다."

합니다.

그들의 후원에는 솔과 참대를 비롯하여 진귀한 꽃과 풀을 벌여 심었는데, 좋은 품종이라면 먼 데서라도 모조리 구해 들입니다. 그리고 그 가운데 다실을 짓되 그 크기가 배만 하며 띠풀을 지붕으로 덮고 황토를 바르고 미닫이문과 참대 사립 등으로 꾸미는데, 매우 검소하게 합니다. 그러고는 조그마한 구멍을 내어 겨우 드나들 만한데 귀빈이 오면 구멍을 열고 맞아들여 그 안에서 차를 대접합니다. 그들의 본심이 소박함을 남에게 보이고자 할 뿐 아니라 잔을 들고 이야기를 나누다가도 갑자기 무슨 일이 일어나기도 하므로 딸린 사람들을 모두 물리쳐 뜻밖의 사태를 미리 막자는 것이라 합니다.

왜국의 중들

남자들은 반드시 칼을 지니며, 칼을 지닌 이상 군사 훈련과 그와 관련한 힘든 역사에 동원될 뿐입니다. 오직 중들만 칼을 지니지 않습니다. 그들 중에는 의술을 배운 자, 장사를 하는 자, 점쟁이 노릇을 하는 자, 왜장 집 다실 청소를 해 주는 자들이 있는데, 이들은 다

처자도 있고 술도 마시고 고기도 먹으며 도시 가운데 섞여 살고 있습니다. 그리고 또 학생을 가르치는 자, 범패를 외는 자, 공자의 글을 외는 자, 산과 들로 방랑하는 자, 길흉화복 운운하고 다니면서 걸식하는 자 등이 있는데 이들은 다 처자도 없고 고기도 먹지 않으며 산속에서 혼자 살고 있습니다.

왜국에서 남자가 열이면 머리 깎은 자가 네다섯은 되니 군사 훈련과 힘든 부역을 피하여 몸의 해로움을 멀리하려는 자들은 다 중이 되기 때문입니다.

중으로서 왜장이 된 자는 그 관명으로 무슨 사寺, 무슨 원院, 무슨 법인法印이라고 하며 왜장이 되지 않은 자는 그 관명으로 처음에는 무슨 장사藏師 다음에는 무슨 수좌首座 또 다음에는 무슨 동당東堂, 무슨 서당西堂, 다음에는 무슨 화상和尙 또 다음에는 무슨 장로長老라 하는데, 장로가 가장 높은 칭호입니다.

중으로서 불경을 공부하는 자는 혹은 나무아미타불을 주장하고 혹은 묘법연화경을 주장하여 절을 가르고 교리를 쟁론함으로써 서로 원수처럼 대하며, 성현의 경전을 연구하는 자는 혹은 공안국, 정현[5]의 전주箋註를 주장하고 혹은 주자의 훈해를 주장하여 문을 가르고 파당을 짓습니다. 다투기를 좋아하는 그들의 풍속이 이러하여 아무리 중이라 해도 매한가지라 그 테두리를 벗어나지 못합니다.

조고원照高院이란 자는 대불사의 범왕梵王으로 왜 황제의 숙부입니다. 그는 식읍의 소출이 1만 석이나 되며 66주의 불사 승려를 거느려 모든 곳의 중들이 정월이면 다 찾아와서 세배를 드립니다.

---

5) 공안국孔安國은 중국 한나라 때 훈고학자. 정현鄭玄은 중국 동한 때 훈고학자

태 장로兌長老라는 자는 글 잘한다고 자부하며 산 장로山長老, 철 장로哲長老라는 자는 시 잘하기로 이름이 났습니다. 또 학교學校라는 자는 《논어》와 공자의 글을 가르침으로써 덕천가강의 스승이라 하나 실은 '어魚' 자와 '노魯' 자도 분간치 못하는 무식한 자라 합니다.
　간혹 의원 노릇하는 중 가운데 글 아는 자가 있어 때로 왜장을 섬기다가 왜장 따라 우리 나라에 왔던 자도 많은데 중들이 모두 그들을 승려라고 합니다. 장로, 화상 등 중의 벼슬은 다 왜 천황이 첩지를 내린다고 합니다.
　그들의 풍속은 귀신을 몹시 믿어 귀신 섬기기를 부모 섬기듯 합니다. 살아서 사람들의 존경과 신임을 받던 자는 죽어서 반드시 산 사람들의 제사를 받습니다.
　그러나 부모 죽은 날에는 혹 재계하지도 않고 고기반찬을 금하지 않아도 귀신에게 제사할 적에는 생선과 고기반찬을 절대 금합니다. 왜장을 위시하여 왜장의 처첩과 평민 남녀에 이르기까지 명절이나 무슨 신의 제삿날을 만나면 훌륭하게 차려입고 신사神社 문 앞에 와서 돈을 던지는데, 사람들로 거리와 길이 꽉 메어 버립니다.
　신사는 굉장히 사치하게 꾸며 금빛 은빛 울긋불긋 눈이 부십니다. 천조황 대신궁天照皇大神宮은 왜의 시조 여신이며, 웅야산熊野山의 권현수신權現守神은 서복徐福의 신이며, 애탕산愛宕山의 권현수신은 신라 사람 일라日羅의 신입니다. 또 춘일 대명신春日大明神, 팔번 대보살八幡大菩薩, 대랑방大郎房, 소랑방小郎方 등의 신이 있고 그 밖에도 이루 다 셀 수 없지만 그들이 하는 맹약과 계율을 보면 반드시 위의 신들을 끌어 맹세합니다. 간혹 살을 지지는 고통을 당하더라도 차마 계율을 깨뜨리지 못하고서 반드시 "하늘이 무섭다, 벼락이 무섭다." 합니다.

  그들은 서로 상대편을 부를 때 경칭으로 아무개 뒤에 '상〔樣, 사마〕'이나 '전〔殿, 도노〕'을 붙이며 또 글과 대화에서 상대편과 관련된 말에는 첫머리에 반드시 '어御' 자를 붙이는데, 천황에서 평민에 이르기까지 다 그러합니다. 또 위에서 아래로 하사하는 것도 '공貢'이라 하고 위에서 아래에 임하는 것도 '조朝'라고 하니, 이렇듯 등급이 없사오며 간혹 다투다가도 상대가 예의를 갖추면 물러서서 냉소하고는 화평한 태도로 순종하니 이렇듯 행동이 어지럽습니다.

왜국의 대외 관계와 지리

  왜놈의 성질이 신기한 것을 좋아하고 외교를 좋아하여 멀리 떨어진 외국과 통상하는 것을 훌륭한 일로 여기니 외국 상선이 와도 반드시 사신 행차라고 합니다. 왜경에서는 남만 사신이 왔다고 왁자하게 전하는 소리를 거의 날마다 들을 수 있으니, 그들은 나라가 떠들썩하게 좋은 이야깃거리를 삼습니다. 한번은 몹시 떠들썩했는데 우리 나라 사람한테 물었더니 남만 장사꾼 여남은 명이 하얀 앵무새 한 마리를 가지고 온 것이라 하였습니다.

  먼 데서 온 외국 사람을 왜졸이 해치기라도 하면 그들과의 길이 끊어질까 하여 반드시 가해자의 삼족을 멸한다고 합니다.

  지난 해 8월에 중국 복건성에서 상선이 와서 살마주로 가던 도중 해변에 있던 왜졸이 배를 타고 들어가 그 상선의 보물을 모조리 강탈하고는 사람만 남겨 놓았는데 그 사람들이 살마주에 와서 도진의홍의 부대에 호소하였더니 도진의홍이 덕천가강에게 보고하여, 가

해자들을 왜경에 올려다가 모두 목을 베어 매달고 훔친 물건은 주인에게 돌려주었습니다.

천축 같은 나라는 왜국하고는 턱없이 멀지만 왜들의 내왕이 끊임이 없습니다. 복건성이나 남만, 유구와 여송(루송)에서 오는 상선은 도진의홍과 용장시가 관리하고 우리 나라 왕래 선박은 시마수 사택정성正成과 종의지가 관리합니다.

나귀, 노새, 낙타, 코끼리, 공작, 앵무 등이 해마다 끊임없이 오고 있지만 덕천가강 등이 으레 금은, 창검 등으로 비싼 값을 주고 사들이니 장사꾼 처지에서 보자면 무익한 것으로 유익한 것을 바꾸게 되므로 즐겨 가져오는 것입니다. 그리하여 왜국 시장에는 중국과 남만의 물화가 언제나 두루 있으니 왜국에서 난 것은 금은을 제하고는 별로 진기한 것이 없다고 합니다.

왜국 왕경에서 복건까지 육로로 3리[*], 복건에서 대판까지 수로로 10리, 대판에서 섭진주의 병고까지 수로로 10리인데 왼쪽은 담로주, 오른쪽은 섭진주로 배로 둘 사이를 지나며, 병고에서 파마주의 보진寶津까지 수로로 20리인데 왼쪽은 담로주, 오른쪽은 파마주로 배로 둘 사이를 지나며, 보진에서 비전주의 우창까지 10리인데 왼쪽은 사국, 오른쪽은 비전주로 배로 둘 사이를 지납니다.

또 우창에서 비후주의 호망戶望까지 23리인데 왼쪽은 사국, 오른쪽은 비후주로 배로 둘 사이를 지나며 호망에서 주방주의 상관까지 35리인데 왼쪽은 사국이 이미 끝나 구주의 풍후주를 바라보고 오른쪽은 안예주를 지나 주방주에 이르게 되어 배로 둘 사이를 지날 때

---

[*] 이하 다 왜국 이정으로 계산하였으니 3리는 우리 나라의 30리와 같다.

바다 어귀가 지극히 좁고 조수가 몹시 빠르므로 관關이라 하며 상관에서 장문주의 하관까지 35리인데 왼쪽은 풍후주를 지나 풍전주에 이르고, 오른쪽은 주방주를 지나 장문주에 이르되 배로 둘 사이를 지날 때 해안이 서로 마주 대하여 폭이 우리 나라의 금강 어귀처럼 되었으므로 배질하기가 매우 어렵습니다.

하관에서 간도間島까지 25리인데 하관, 박다, 일기 사이에 있으므로 간도라고 하는 것으로 오른쪽 땅은 이미 끝나 바다가 우리 나라 영남 좌도에 닿았다 할 만큼 아득해 끝을 알 수 없고, 왼쪽으로는 풍전주, 축전주의 해안선을 따라가게 되어 있습니다. 또 간도에서 일기까지 바로 건너가면 48리, 비전주의 당진까지는 21리, 당진에서 명호옥까지 3리, 명호옥에서 일기까지는 15리, 일기에서 대마도의 방진芳津[6]까지 48리, 방진에서 풍기까지 35리, 풍기에서 부산포까지 38리인데 동풍, 남풍, 북풍에는 다 항해할 수 있다고 합니다. 풍기에서 바라보면 부산, 김해, 웅천, 창원, 거제 등을 또렷이 알아볼 수 있는데, 기장機張 북쪽은 바다가 너무도 호탕하여 바람씨가 좀 불리하면 분명 표류할 염려가 있으며 한산도 서쪽은 또 뱃길이 너무 멀어 건너가기 쉽지 않다고 합니다.

왜국의 천재지변

왜국에는 천재 지변이 많습니다. 대낮에 사방으로 붉은 안개가 잠뿍 끼고는 흙비, 털비가 연일 내리곤 합니다. 왜인은 이를 상서로운

---

6) 방진은 간혹 부중府中이라고도 한다.

징조라 하여 주머니에 넣어 차기도 하지만 왜중으로서 좀 유식한 자는 중국 한 무제 때 토목 공사와 전쟁이 많은 까닭에 털비가 내렸는데 일본은 고금을 통하여 토목 부역이 지금처럼 심한 때가 없으므로 하늘이 털비를 내린다고 합니다.

을미년(1595)과 병신년(1596) 이래 4~5년간 큰 지진이 계속 있어 더러 며칠씩 멎지 않았으며 기해년(1599) 12월 24일에는 복견에 큰 불이 나 대전 비탄수의 집, 섭진수 소서행장의 집, 증전장성의 집 상하 두 채, 토견 감병의 집 등이 한꺼번에 다 타고 그 불길이 덕천가강의 외성까지 번져 북풍은 매우 세차고 불꽃은 몹시 맹렬하였는데, 이때 내성 위에 막을 치고 장막으로 까불어서 바람세를 죽였으므로 내성은 무사하였습니다.

그리고 경자년(1600) 2월 10일에는 우희다수가의 집에 불이 났으며 4월 2일에는 궁부 병부의 집에 불이 났습니다.

이 어찌 왜의 국운이 오래가지 못하리라고만 하겠습니까. 풍신수길이 극악무도한 나머지 천지의 괴변을 불러왔기 때문이라 합니다.

발문

《간양록》을 펴내는 뜻 – 윤순거

아아, 우리 선생이 겪은 수난은 실로 고금에 드문 역경이었다. 그러나 선생은 역경에 맞서면서, 항상 분명하게 정도를 잃지 않았다. 두 번 바다에 떨어지고 아흐레 동안 아무것도 먹지 않았으며, 적중에서 조정에 세 번 상소를 보냈으며, 4년 동안이나 오직 나라를 위해 꿋꿋하게 변함없이 절개를 지켰으며, 우국의 지성과 충의의 기백이 언제나 열렬하였으니, 천지신명도 이를 증거할 것이다.

- 윤순거尹舜擧는 1596년에 나서 1668년에 죽었다. 의령 현감 때 이황과 남효온의 사당을 세웠다. 영월 군수 때는 단종의 사묘인 지덕암을 중건하였다. 성문준에게 학문을, 강항에게 시를, 김장생에게 예를 배웠다. 강항을 위해 '수은강공행장'을 썼고, 《간양록》을 펴냈다.

《간양록》을 펴내는 뜻

 이 글은 처음 이름이 '건차록巾車錄'으로, 선생이 손수 붙인 제목이다.
 '건차'란 원래 죄인을 태우는 수레인데 선생이 이렇게 이름 붙인 것은 무슨 까닭이었던가. 아마도 선생은 겸손한 뜻으로 자신을 낮추어 죄인으로 자처했기 때문이다. 그러나 선생 자신으로서는 그렇게 생각했더라도 다른 사람은 그럴 수 없으며 하물며 자손이나 제자로서는 지나치게 겸손한 그 제목을 그대로 둘 수가 없다. 어찌 바꾸기를 생각하지 않을 수 있겠는가.
 아아. 우리 선생이 겪은 수난은 실로 고금에 드문 역경이었다. 그러나 선생은 역경에 맞서면서, 항상 분명하게 정도를 잃지 않았다. 두 번 바다에 떨어지고 아흐레 동안 아무것도 먹지 않았으며, 적중에서 조정에 세 번 상소를 보냈으며, 4년 동안이나 오직 나라를 위해 꿋꿋하게 변함없이 절개를 지켰으며, 우국의 지성과 충의의 기백이 언제나 열렬하였으니, 천지신명도 이를 증거할 것이다. 이빨에 옻칠한 저 오랑캐들도 그의 절의를 사모하여 찬탄하기를 마지않았던 것이다.

그러나 선생이 귀국하였을 때 나라에 포상을 청하는 자는 없었고 도리어 구렁에 밀쳐 떨어뜨리고 돌을 지지르려 하였으니, 어찌 어질 지 못함이 이처럼 심하였던고!

선생이 왜경에서 해교(海窖, 오사카)로 이송될 때 절구 한 수를 읊었다.

평일에 글 읽을 땐 대의명분 중했더니
뒤에 와서 역사 보니 시빗거리 길기도 길사.
요동의 학¹⁾ 아니어라 구차히 살아 있으니
해상의 양 보단 말가²⁾ 죽음과 일반일세.
平日讀書名義重　後來看史是非長
浮生不是遼東鶴　等死須看海上羊

또 해교에 이르러서는 우리 나라 사람에게 준 화답시 끝 구에, "한 병의 도소주로 양 보는 날 위로하네.〔一壺椒醑慰看羊〕" 한 것도 있으 니, 선생이 이미 자신의 뜻을 보여 주고 있다. 석주 권필의 시 한 구 절에,

---

1) 중국 한나라 때 요동 사람 정령위가 영허산에 가서 신선술을 얻어 학이 되어 천 년 만에 요동에 돌아왔다는 전설을 인용하여 조국에 돌아가지 못함을 한탄한 것이다.
2) 중국 한나라 때 흉노에게 사절로 갔다가 붙잡혀 19년간 절개를 지키며 북해상에서 양을 친 소무蘇武에게 자신을 견준 것이다.

절모³⁾는 양 보기에 다 떨어지고
글월은 기러기 편에 전했다네.

節爲看羊落　書緘賴雁傳

한 것도 선생을 소무蘇武에게 견준 것이다.
　이런 까닭에 여러 벗들과 의논해서 제목을 '간양록看羊錄'이라고 고쳤으니 이것으로 선생의 지조를 드러냈을 뿐이며, 선생의 절의를 내세우고 숨은 뜻을 밝혀 그의 면모를 방불케 하는 것은 학덕 있고 옳은 평론을 할 수 있는 군자를 기다릴 뿐이다.
　갑오년(1654) 여름에 제자 윤순거尹舜擧가 쓴다.

---

3) 옛날에 사신이 신표로 가지고 가던 절월의 끝에 달던 털.

부록

강항 연보

《간양록》에 대하여 - 문예출판사 편집부

간양록 원문

강항 연보

1567년
전라도 영광에서 태어났다. 아버지는 강극검姜克儉이고 5대조가 강희맹이다. 자는 태초太初, 호는 수은睡隱이다.

1588년(22세)
진사가 되었다.

1593년(27세)
별시 문과에 병과로 급제하였다. 교서관 정자가 되었다.

1595년(29세)
교서관 박사가 되었다.

1596년(30세)
공조 좌랑을 거쳐 형조 좌랑이 되었다.

1597년(31세)
휴가로 고향에 내려가 있던 중, 정유재란이 일어났다. 분호조分戶曹 참판 이광정李光庭의 종사관으로 남원에서 군량 보급에 힘쓰다가, 남원이 함락된 뒤 고향 영광으로 돌아가 김상준金尙寯과 함께 의병을 모집하였다. 전세가 불리하자 통제사 이순신 휘하에 들어가려고 가는 도중에 왜적의 포로가 되었다. 일본으로 압송되어, 대진성(大津城, 오쓰 성)에 유폐되었다.

이곳에서 출석사出石寺의 중 호인(好仁, 요시히도)과 친교를 맺고 그에게서 일본의 역사, 지리, 관제 등을 알아내어 '적중문견록賊中聞見錄'에 수록, 고국으로 보냈다.

1598년(32세)

대판(大阪, 오사카)을 거쳐 경도(京都, 교토)의 복견성(伏見城, 후시미 성)으로 이송되었다. 이곳에서 등원성와(藤原惺窩, 후지와라 세이카, 강항은 '순수좌'라고 썼다.), 적송광통(赤松廣通, 아카마쓰 히로미치) 등과 교류하며 그들에게 학문적 영향을 주었다.

특히 등원성와는 두뇌가 총명하고 고문古文을 다룰 줄 알아 우리 나라의 과거 절차와 춘추 석전春秋釋奠, 경연經筵과 조정朝廷, 공자묘孔子廟 등을 묻기도 하고, 또 상례, 제례, 복제 등을 배워 그대로 실행하여 뒤에 일본 주자학의 개조가 되었다. 일본에서 포로살이하는 중 이 두 사람에게 많은 도움을 받았으며, 또한 이들의 노력으로 1600년에 풀려나 가족과 함께 귀국하였다.

강항은 일본에 붙잡혀 있을 때 사서오경의 화훈본(和訓本) 간행에 참여하여 발문을 썼고, 《곡례전경曲禮全經》《소학》《근사록近思錄》《근사속록》《근사별록》《통서通書》《정몽正蒙》등 16종을 수록한 《강항휘초姜沆彙抄》를 남겨 일본의 내각문고內閣文庫에 소장되어 있다. 그 밖에 《문장달덕록文章達德錄》과 동양문고 소장본 《역대명의전략歷代名醫傳略》의 서문을 썼다.

1602년(36세)

대구 교수大丘敎授에 임명되었으나 스스로 죄인이라 하여 곧 사직하였다.

1608년(42세)

순천 교수順天敎授에 임명되었으나 역시 부임하지 않고, 향리에서 독서와 후학 양성에만 전념, 윤순거尹舜擧 등 제자를 여럿 배출하였다.

1618년(52세)
5월 6일에 일생을 마쳤다.

1882년
이조 판서 양관대제학吏曹判書兩館大提學이 추증되었다.

영광의 용계사龍溪祠, 내산서원內山書院에 제향되고, 일본 병고현(兵庫縣, 효고현)에 있는 용야(龍野, 류노) 성주 적송광통 기념비에 이름이 새겨져 있다.

저서로는 《운제록雲堤錄》《강감회요綱鑑會要》《좌씨정화左氏精華》《간양록看羊錄》《문선찬주文選纂註》《수은집》등이 있다.

《간양록》에 대하여

문예출판사 편집부

우리 나라 산문 문학의 중요한 형태의 하나인 기행 문학은 일련의 산문 문학의 발전과 함께 7, 8세기에 들어서면서 급속히 발전하여 왔다.

시대의 발전과 함께 인민들의 지식에 대한 탐구심, 외부 세계에 비추어 자신들의 처지를 정확하게 이해하려는 현실적 요구에 맞추어 우수한 외국 기행 작품들이 수없이 많이 나왔다.

《간양록》의 저자 강항(1567~1618, 자는 태초, 호는 수은)은 형조 좌랑 벼슬로 있을 때, 곧 선조 정유년(1597) 봄에 말미를 얻어 고향인 전남 영광에 가 있다가 왜적의 '정유재침'으로 남원에 종사관으로 배속되어 군량 조달의 임무를 맡게 되었다. 그러다가 왜적에게 남원이 강점되고 모두가 후퇴하여 준엄한 정세에 직면하였다.

이때 강항은 고향 청년들과 가족들을 데리고 함께 배를 타고 북으로 올라가 당시 순천에 주둔하고 있던 이순신 장군 부대에 참가하려 하였다. 그러나 그 일행은 도중에 영광 앞바다에서 적에게 포위되어 마침내 포로로 되었다. 탈출할 수 없게 되자 그는 바다에 몸을 던졌으나 물이 얕아서 결국 왜적에게 붙잡혀 일본으로 끌려갔다.

그는 포로의 몸으로 전쟁의 참화를 몸소 겪었으며 침략자의 야수적인 온갖 죄악상을 직접 보고 들었다. 치욕스러운 포로로 구차히 사느니 차라리 쾌하게 죽으리라고 몇 번이나 자결하려 하였으며 조국으로 몰래 도망하려다가 실패도

하였다.

그러나 그는 포로로 되었다 하여 값없이 죽는 것보다 적의 땅, 적의 감시 속에서 적의 정세, 적의 동향, 적의 기밀을 살피고 또 적의 역사, 지리, 정치, 경제와 그 밖의 적의 역량을 정확히 알 수 있는 모든 자료들을 탐색 수집하고 자기의 견해와 함께 조국에 알려 나라의 정책을 세우는 데 이바지하는 것이 현재 자기가 취할 길이라고 생각하였다. 이렇게 그는 조국을 위해 바칠 수 있는 충의의 길을 포로 생활에서 찾고 삼 년 동안 적국에서 그 나라 역사, 지리, 정치, 경제, 군사 관계, 군벌 호상 관계, 민족성과 생활 풍습, 문화 예술에 이르기까지 온갖 자료를 탐색 수집하여 이를 분석 비판하고 여기에 자기의 명석한 견해를 붙였다.

또 우리 나라 봉건 지배층들은 권세 쟁탈과 당파적 모략에 급급한 결과 평시에는 국방에 등한하고 전시에는 전공을 시기해서 이순신 같은 명장을 모함해 투옥하였던 사실과 관리의 등용과 파면을 인재 본위로 하지 않고 파벌의 이해 관계에 복종시킨 사실 등을 열거하여 거기서 엄숙한 교훈을 찾을 것을 주장하였다. 또 여기에서 그는 대일 정책, 국방력의 강화와 인재 양성과 그 등용책 등도 제기하였다. 적의 감시를 받아 외출이 자유롭지 못한 포로 생활에서 이와 같은 일본의 국정 기밀, 다른 여러 방면의 자료를 갖추 수습하고 견문을 넓히고 연구하여 일정한 견해와 주장을 세우기까지에는 그가 애국의 심혈을 얼마나 뜨겁게 기울였으리라는 것을 짐작할 수 있다.

그는 적국에 잡혀 있는 삼 년 동안 이 한 편의 글을 첨부한 상소문을 세 번에 걸쳐 비밀리에 선조에게 보냈다. 도중에 잃어버릴까 염려하여 몇 번이고 거듭함으로써 기어이 조국에 전달되게 하려는 그의 간곡한 심정을 뚜렷이 엿볼 수 있게 한다. 실로 《간양록》은 침략자에 대한 침통한 적개심과 우국의 지성으로 엮어진 것이며 오늘날에도 구절마다 그의 애국지성으로 불타는 심장의 맥박 소리를 느끼게 해 준다.

적국에 갇혀 인간으로서는 도저히 참고 견딜 수 없는 참화 속에서 그것도 적들의 삼엄한 감시 속에서 적국의 허실을 내탐하여 상소문을 만들어 조국에 보낸《간양록》, 그리고 왜국의 거만한 콧대를 꺾고 나라의 존엄과 민족의 슬기를 빛내며 높은 문화를 과시한《해유록》등은 다 우리 나라 기행 문학사에 길이 아로새길 가치 있는 작품들이다.

그러나 이 기행문들은 다 중세기에 씌어진 작품들이라는 것을 고려할 때 적지 않은 사회 계급적 제한성을 가지고 있으므로 오늘의 시점에서 비판적으로 보아야 한다.

《간양록》은《해유록》과 더불어 일본 기행인 점에서는 같다. 그러나 필자들의 당시 처지가 서로 달랐고 시대와 처한 환경, 그리고 집필 의도도 서로 달랐으니 두 사람의 관점이 다르며, 그 작품이 가지는 사상 감정과 의도도 다를 수밖에 없다.

기행문들에서 일본의 정책에 비교하여 우리 나라 정책을 논단하면서 우리 나라의 불합리한 정책들을 고칠 데 대한 것이라든가 봉건 통치배들이 권세 쟁탈과 당파적 모략, 파벌 싸움을 하지 말며 인재 본위로 관리 등용을 해야 한다는 것을 비롯하여 나라의 권위를 높이며 높은 문화를 왜국에 과시하는 등 일련의 진보적인 견해들을 내놓았다.

그러나 이것은 필자가 봉건 관료의 계급적 입장에서 왕권을 옹호하고 그 통치 체제를 유지하고 공고화하기 위한 데서 우러나온 것이지 결코 그것이 광범한 인민대중의 이익을 위한 것은 아니라는 점을 놓쳐서는 안 될 것이다.

우리는 작품에 나타나고 있는 이러한 사상적 제한성을 노동 계급의 입장과 관점에서 옳게 이해하고 볼 때 작품들에 구현되어 있는 진보적 내용도 옳게 인식할 수 있을 것이다.

看羊錄 原文

涉亂事述

歲丁酉二月初八日 余以秋官郞 呈告歸覲 明農于流峯舊業 五月十七日 天將楊總兵 自京師領防倭兵三千 南下南原 李參判光庭 以分戶曹 督餉全羅道 請承于朝 朝廷以余及三嘉居禮曹佐郞尹銑塡差 余以五月晦 沿檄往赴 李相在南原 監檢支放 命余催促搬運 七月晦間 統制使元均 戰敗于閑山島 閑山失守 八月望間 賊鋒已犯南原 攻圍三日 總兵突圍北出 城遂陷 余謂作人幕府 不可以不知主司去處 自咸平一晝夜馳至淳昌 聞參判北上 乃還至本郡 與前郡守巡察使從事官金尚寓 傳檄列邑 收召義兵 思漢之士至者數百人 而賊兵一路已踰蘆嶺 海甸無一寸乾淨地 烏合之衆 一時星散 金公出城北去 余出城至家 奉老親家小 以謀海船於論岑浦 新巡察使黃愼令公 以從事見招 陸路則道已塞矣

九月十四日 賊已焚靈光郡 搜山濾海 屠殺人物 余以夜二更乘船 父親素患水疾 以船小易蕩 移跨季父船 從兄弟以船窄不見容 不得已與兩兄嫂及丘嫂妻祖父妻父母及余妻妾共一船 娣夫之父沈安枰一家 窮無所歸 亦許同載 船小人夥 舟行甚遲 十五日 兩船同宿猫頭 避亂船聚者 幾百餘艘 十六日 又宿猫頭 十七日 宿飛露草 十八日 從兄浹以宣傳官奉標信 付新統制李舜臣 自右水營馳至船所 二十日 始聞水路倭千餘艘 已到右水營 統制使以衆寡不敵 遵海西上 乃與一門父兄議所向 或請捨船登陸 或請入黑山島 余與從兄洪浹言 舟中壯士 合兩船幾四

十餘人 可附統制使 且戰且退 不成不失明白死 議已克完 萬工文已者竊聽之 以其子女四人 俱在於矣島 謀所以載來 二十一日夜半 乘余兄弟熟寐 因風解纜 瞥眼間 遂與父親所乘船相失 行至珍月島 聞統制船十餘艘已過各氏島 叱萬工使回船西上 北風甚迅 船不得上 賊勢已迫 而父子相失 窮途所仗 只萬卒 又不得治其罪

二十二日 誤聞父親所乘船回向鹽所 遂指鹽所唐頭 則又無所見 沈安枰一家 以船窄下陸 蒼頭萬春 余所倚愛者 托稱汲水 乘陸而走 二十三日朝巳時 自唐頭 又向論岑浦 爲老親或在岑浦也 海霧中忽見荒唐船一隻 突出飛來 萬卒呼曰倭船也. 余自度不能免 解衣墮水中 一家妻子兄弟 一舡男女太半同溺 艤岸水淺 賊盡句出臥船檣 齊縛立之 惟外弟金柱天兄弟奴婢十餘人 登岸走免 亡母亡兄木主 仲兄負墮水中 句出之際 遂不得收拾 事亡事生之志 一擧盡矣 稚子龍及妾女愛生 遺置沙際 潮回浮出 呱呱滿耳 良久而絶 余年三十 始得此兒 方娠夢 見兒龍浮水中 遂以爲名 孰謂其死於水中也 浮生萬事 莫不前定 而人自不悟矣 賊以余所乘船 擊其船尾 從風南下 船往如箭

二十四日 至務安縣一海曲 名曰落頭 賊船數千艘 充滿海港 紅白旗照耀天日 我國男女太半相雜 兩邊積尸 狼藉如山 哭聲徹天 海潮嗚咽 生之何心 死也何罪 余平生懦怯 最出萬夫之下 此時則亦不每生矣 船旣中流 有一賊帶舌人問曰 水路大將 今在何處 余答曰 泰安安行梁 舊號難行梁 下道漕船 逐年漂敗 故善其名以壓之 蓋水路之天險也 故天將急顧兩邊擊 領戈船萬餘艘 橫截梁上下 遊船已到群山浦 統制使以衆寡不敵 退與天兵合勢矣 賊徒頗相顧色沮

余潛問舌人曰 執我者爲誰 則伊豫州守佐渡之部曲信七郎者也 夜二更 妻父潛解其縛 裸身赴海 賊徒群譟 旋卽句出 以故縛余一家益急 徽纆入膚 手背龜拆 遂成大腫 越三年不得屈伸 右手則瘡痕猶在 回問舌人曰 賊何不殺吾輩 舌人曰 以公等着絲笠衣輕暖 認爲官人 將縛致日本 故戒守甚嚴云 嗚呼 嬴秦棄禮 仲連尙欲蹈東海 武王伐暴 伯夷猶且餓西山 况此賊百蠻之醜種也 我國臣民 不共戴天之讎也 一息偸活 萬殞猶輕 而繫縛在身 無以自由也 踰三日 賊帶舌人來問執是正妻 婦人皆自首 驅令上倭船 移余兄弟同載曰 將殺汝曹 余之帚妾妻祖父及丘嫂婢子十餘人 妻父之庶弟妹 或分載或遇害 噫 亡兄死日 以一紙托余曰 汝在人間 寡妻有賴 誰謂遽如許 感念存歿 不覺一慟 而我亦不知命在何時也 奴婢之

遺我而走者盡偸生 戀主而不忍去者 俱被殺 吁亦可哀也已 居頃之 諸倭撥群船南下 行過榮山倉右水營 至順天倭橋 板築已俱 仍築城於海岸 上切星漢 群船竝艤泊 惟俘人所乘船百餘艘 俱泛洋中 蓋自被擄至此者 凡九日 水漿不得入口 而猶不死 信乎其命之頑也

後來男女太半 親舊之家屬 始聞梁宇翔全家之沒 其日倭姬 以飯一盂 人各分付 米不脫殼 沙石相半 腥膻之臭擁鼻 舟人飢甚 乾淨爲糢以療之 夜半 傍船 有女子哭罷歌 聲似裂玉 自一家之沒 兩眼已枯 而此夜則衣袖盡濕 仍占一絶曰 何處竹枝詞 三更月白時 隣船皆下淚 最濕楚臣衣 翌日有賊船一隻掠而過 有女子急號靈光人靈光人 仲嫂出問之 乃愛生母也 分載之後 謂已爲鬼 而至此始知其生 千般哀訴 耳不忍聞 自是夜夜輒慟哭 雖倭奴亂扑不已 畢竟聞其不食死 遂賦一絶曰 滄海茫茫月欲沈 淚和涼露濕羅襟 盈盈一水相思恨 牛女應知此夜心

仲兄子可憐者 年八歲 飢渴飮鹹 嘔泄成病 賊抱投水中 呼爺之聲 久而不絶 兒兮莫望父信矣 越數日 妻父與二弟謀竊小艇載出 賊覺卽奔告於佐渡 其日夕載吾家於一大船 士族女子自他船移來者九人 洪群玉之女與焉 相與話舊一慟 妻父之孼妹犽英 年十三有貌色 自分載 莫知死生 而其日亦至 始聞妻祖父及諸婢之定死

船旣解纜 日已晡矣 夜宿安骨浦 翌日發安骨浦 午南乍東 橫截大海 窮日之力繼以夜 忽聞遠鷄聲 曉頭雲霧中 望見大陸橫亘 卽對馬島也 人家異制度 衣巾皆詭製 始知到他世也 男子之生 固以桑蓬射天地四方 然孰謂身到倭國也 以風雨留二日 翌日 又渡一大海得一陸 卽壹岐島也 翌日 又渡一海 得長山大關市 卽長門州之下關也 翌日 又渡一海 沿岸而行 又得一大關市 卽周防州之上關也 海山如畫 柑橘照耀 惜其爲鬼窟耳 翌日 又渡一海 泊伊豫州之長崎 舍船登陸 飢困已甚 十步九顚 小女年六歲 不能行 與妻及妻母更負 負渡一川 頓臥水中無力不能起 岸上有一倭人 垂涕扶出曰 噫其甚矣 大閤俘致此人等 將欲何用 豈無天道哉 急走其家 取稷糠茶飮 以饋吾一家 耳目始有聞見 倭奴中有至性如此其好死喜殺 特法令驅之耳 倭奴號秀吉爲大閤故云

行可十里 至伊豫州大津城留置 與二兄及妻父家屬 共一家異室 賊令一卒倭一女倭 朝夕供給飯羹各一盂魚一頭 在蠻夷絶域之中 得與兄弟源源 是則一幸也 冬至集句 以紓悼鬱之懷 去歲玆辰捧御床 戴星先捧祝堯觴 今年流落丹心在 一

日愁隨一線長 (在鬼窟中 故表年以寓尊王之意) 萬曆二十六年戊戌 歲已改矣 爆竹驅鬼 燃燈守歲 頗與荊楚歲時記相似 恨其人人面獸心耳 良辰盛節 益令人忉怛 回望君親 竝隔萬里鯨海外 方春時 草木群生之物 皆以自樂 而吾兄弟一家 竝以淚眼相對 松楸舊壟 兵火延燒 誰以一盂麥飯 灑於抔土也 物物感觸 節節傷痛 不必暮春三月涼秋九月 獨令人銷魂也

初五日 叔兄女禮媛病死 初九日 仲兄子可喜病死 兄弟擔負 葬於水濱 吾兄弟子女六人 死於海水者三 死於倭土者二 所餘者只小女耳 正山斗所謂致汝無辜惟我罪 百年慙痛淚闌干者也 傷憐之至 却羨汝曺死而無知也 正月晦間 聞天兵大至 蔚山之賊 半爲鯨鯢 湖南諸窟 只殘順天 哀情吉語 怡悅難雙 因賦四韻一首 聞道王師 至湖半已平 吾君無疾病 老父尚康寧 鯨海天威動 蜂屯月暈成 哀情聞吉語 喜淚作河傾 二月初五日 因舌人聞平義智部曲百餘人歸順 餘倭降者相繼 又賦四韻一首 聽說凶鋒拆 降書日日聞 湖南空荐食 嶺外只孤軍 鯨浪淸東海 狼星拱北辰 孤臣雖萬死 白骨有餘欣 春雨中又賦一聯 春雨一番過 歸心一倍多 何時短墻下 重見手栽花

四月二十七日 乃亡母忌辰也 衣服不備 粢盛不潔 尙不以祭 況以倭賊之餘 敢申昭告之誠 猶不忍虛度 略修薦儀 賣枕供具 祝曰 不肖諸息 不嗣先祿 合家淪胥 旅寓絶國 坏土榛莉 木主載溺 感念存沒 痛心切骨 秋霜春露 羹墻無依 日往月來 諱辰已歸 客槖垂罄 物不豐盈 豺虎爲隣 哭不盡誠 瞻望天涯 草木鳴咽 先魂有知 庶垂歆格 金山出石寺 在伊豫州南三十里而遠 有僧自言肥前州人也 少隨朝倭 歷見我國京師 嘗位彈正(官名) 年老歸隱 猶食寺下田土 役其民人 見我頗加禮 以扇求詩 因書四韻七言一首 錦帳名郞落海東 絶程千里信便風 鳳城消息鯨濤外 鶴髮儀形蝶夢中 兩眼却慙同日月 一心猶記舊鴛鴻 江南芳草群鶯亂 倘有飛艎返寓公 僧憮然點頭曰已會矣 無船且鈌阻可嘆

大津城據高山絶頂 山下長江淵澄纏繞 每乘空城 西望慟哭 哭罷施而下 因賦五言四韻一首 玆行曾入夢 滄海一天東 城邑層峯上 民居亂水中 恒言稱佛戒 常日展軍容 信美非吾土 南山隔幾重 京師竹肆民被擄於壬辰 自倭京亡奔伊豫州 遂日來見曰 倘可相濟而歸耶 余曰 賴汝得復見故國天日 當以一死報汝 彼有銀錢 且善倭語 故力懇不已 遂以五月二十五日 乘夜西出 夜行八十里 兩足流血 晝隱于竹林中 翌夜過板島縣 大書付城門曰 汝日本君臣 興無名之師 伐無罪之

國　夷其先土宗廟　發其先王陵寢　斬殺其旄倪　係累其子孫　以及於鷄豚狗彘之畜　昆蟲草木之微　亦不免其荼毒焉　蓋自有生民以來　兵火之慘　未有甚於汝君臣所爲者也　汝好祭日月以求吉祥　尊釋迦以求福利　日月者　吾之兩目　照臨下土善惡　以告於余而禍福之者也　釋迦者　吾之所遣　以爲生民師表　禁殺傷以導余好生之意也　環海之外　盡吾所覆　朝鮮之民　亦吾赤子　汝一方君臣　殄滅之殘傷之　未有遺育　日月豈爲汝私阿　釋迦豈享汝非義哉　上年京師城陷　壓溺民畜而汝不悟　今年東南大水　大無麥禾而汝不懲　汝一方之盲聾　一至此哉　今遣主東方迦牟尼佛書　以告諸汝君臣　以爲朝鮮子遺之民　請命于汝君臣　汝君臣倘不覺悟　吾將大降害于汝一方　不少延　汝其念哉　吾不貳言　汝無後悔　倭人尙鬼　飮食必祭日月　癘瘵常誦梵唄　故因其所明　而借天命佛言　以警動之　庶幾其萬一覺悟　未幾而賊魁自六月初寢疾　至秋而死　此言亦不可謂無驗矣

自板島西出十里許　憩于林莽中　有一老僧　年可六十餘　浴身瀑布　炊米祭日　假眠巖石上　舌人潛往睎語　語及西歸事　則僧諾以船濟豐後州　吾等喜甚　從僧下來　舌人先　僧次之　吾等稍後　十步之內　忽逢一倭賊　領卒倭二人猝至　見吾等曰　朝鮮人亡走者也　承之以劍　吾引頸受刃　賊令卒倭扶曳　回至板島市門外　有長木十餘條　多懸死人頭　乃賊中藁街之　置吾等于其下　爲斫頭之狀　有一賊援劍止之　乃送吾等于城中　路經市門　有一倭自門內突出引入　乃初擄我家信七郞者也　饋茶酒羹飯　留三日　勒還于大津城

自此益無聊　出遊城底曾舍　有一僧極加禮　贈一絶曰　初逢賢聖夢耶眞　堪惜高人客裏身　見月見花應有恨　扶桑國盡戰爭塵　次日　雪髮霜眉創見眞　胡雛康老是前身　淸詩寫盡泥中恨　帶劍諸奴隔幾塵　佐渡之父白雲家有玄鶴　感懷題四韻一首　仙鶴下人間　芝田幾日還　千年華表柱　數載赤間關　未拂塵中累　常懷海上山　那時換毛骨　琪樹得重攀　務安縣吏徐國　擄去大津　數來訪求詩　贈之曰　早作西京客　今爲東海人　歲行垂再易　天道豈終貧　戀闕頻看日　懷親輒望雲　强歌工進淚　冷笑却成嚬　其六月　佐渡自固城撤兵還倭京　送部曲勒吾一家　赴倭西京大坂城　將乘船　感慨賦一詩曰　去國今千里　迢迢更向東　應須窮出曰　都只信便風　禍首軒轅氏　妖胎采藥童　男兒四方志　不意到倭中　又於舟中得一首曰　滿臆千愁若蜜房　年纔三十鬢如霜　豈緣雞肋消魂骨　端爲龍顔阻渺茫　平日讀書名義重　後來觀史是非長　浮生不是遼東鶴　等死須看海上羊　船行八日　曉頭困睡　同舟我國人急道京城已近

夢中驚起 望見粉堞突出滄海上雲霧中 十層樓閣 高入半空 膽悸神慘 久不能自定 乃賦一詩曰 報道王京近 王京是鬼關 非緣探虎穴 無路覬龍顔 痛飮初年計 孤囚幾日還 愁多翻作夢 倏忽見南山(用岳飛直抵黃龍府痛飮事) 我國兵船 爲賊所奪 來宇治河口 見之一愴然 可惜黃龍舳 胡爲碧海東 將軍自失律 制作豈非工 上雨牙檣折 中權虎節空 吾生猶泛梗 見爾涕無從 自大坂又載小舟 移伏見城 夜宿舟中 以一絶遣悶曰 舟着蘆花月正明 五更沙岸宿鷗驚 經年海舶爲吾室 頭白篙工上棹聲
　至伏見 賊將吾家屬 安頓於空家太倉中 令老倭市村者典守之 我國士人東萊金禹鼎 河東姜士俊 姜天樞 鄭昌世 咸陽朴汝楫 泰安全時習 務安徐景春等皆在擄中 連日來見 禹鼎言全羅左兵營虞侯李曄 被擄於淸正 淸正送之秀吉 秀吉待之極厚 帳御飮食 皆如伊所居 曄散盡錦綺 交結壬辰被擄來人 買船西出 行至赤間關 追者已至 曄引劍自刺墮海中 賊句出其屍 並其餘蟞掛於街上 曄頗能文 將發船 賦一詩曰 春方東到恨方長 風自西歸意自忙 親失夜節呼曉月 妻如晝燭哭朝陽 傳承舊院花應落 世守先塋草必荒 盡是三韓侯閥骨 安能異域混牛羊 余聞之不覺額有泚曰 武士中有此人乎 我非讀書人乎 因步其韻曰 將軍氣槩與天長 何者翻論此去忙 義骨樂沈東海底 淸風遙接首山陽 竿頭好受秋霖洗 埋土寧敎塞草荒 萬卷書生無面目 兩年窮髮牧牴羊
　又用前韻 君恩北望海天長 葛節東偏歲月忙 觀物每慙葵向日 逢秋却羨雁隨陽 魂追斷雨飛遙塞 心逐雄風撼大荒 多謝故人珍重意 一壺椒醑慰看羊 又疊前韻 萬里靑丘海驛長 夢魂何自去來忙 三淸離恨逢山外 一片歸心漢水陽 算得人生眞抄忽 看來天道豈蒼荒 成仁取義吾家訓 童子猶慙拜犬羊
　贈姜士俊鄭昌世河大仁 晉州三大姓 言姜河鄭也 絶黨相逢 極相憐故也 方丈山高降異人 晉陽三姓接雲因 如何赫世貂蟬骨 竟作炎荒瑣尾身 斷俗寒梅花自發 (看祖通亭種梅於斷俗寺山僧號曰政堂梅梅枯輒値他梅於其地) 嗚珂舊里草空春 東皇倘借東風便 白露靑原更卜隣 又用前韻 絶域相逢故國人 傷心不忍問由因 慙吾北海三年節 愛子南冠八尺身 勁草不摧霜後綠 寒梅猶戀臘前春 樽前破涕還成笑 泥露多君德有隣
　己卯名賢金大司成湜之孫 學士權之姪 子興達興邁兄弟 以余與學士有分 數相訪 又以米布救飢寒 以詩回謝 更疊前韻 文身異地得斯人 作意追後別有因 學士

風流傳令姪　名賢氣骨見前身　霜寒更謝江神布　囊罄難謀麴米春　今日相逢惟涕淚
他年幸許接芳隣　又用前韻　上歲金門待詔人　式微今日問誰因　儵生却負三生義
許國終爲去國身　好事空憑千里夢　窮鄕又値一年春　綱常萬古人倫重　我輩寧爲鳥
獸隣　又用前韻　燕霜萬里楚囚人　旅泊三年定宿因　禮樂詩書男子事　聰明耳目丈
天身　他生莫値干戈日　樂事空抛桃李春　王業艱難誰作厲　欲將靑血問宮隣

己亥正月　感傷有詩曰　瓊霜不忍混緇塵　壁月關愁夜夜新　馬角不生靑歲至　客
心還自劫逢辰　僧倭照高院者　其皇帝之叔父也　出家居大佛寺　遣僧送扇十把求詩
十幅蠻牋陣陣輕　寄來深荷上人情　儵生久阻看天日　從此氈城掩面行　賊魁秀吉死
埋於北郊　其上作黃金殿　倭僧南化大書銘其門曰　大明日本　振一世豪　開太平路
海闊山高　嘗出遊　以筆塗抹　題其傍曰　半世經營士一坏　十層金殿謾崔嵬　彈丸亦
落他人手　何事靑丘捲土來　倭僧妙壽院舜首座者　後來見我曰　向見大閤塚殿所書
乃足下筆也　何不自愛也　守倭市村者　謂吾家豈伊他人兄弟甥舅　許令叔出季處甥
往舅留

余因之聞天朝差官茅國科王建功等　來在沙蓋(倭名曰堺蓋　西海上市館)之館　與
我國人申繼李　往叩其門　賂守者得入　二差官坐倚床西向　與我一倚床東向對坐極
相溫　進茶酒　余請且泣曰　聞倭奴整船格將送行李　願備舟中一卒　得以卽刑於故
國　天將哀憐且　公所寄何倭　答曰　佐渡　天將答曰　吾等將遣家康　使佐渡送君　申
繼李者素輕薄高聲大呼曰　秀吉死　國將大亂　倭賊將盡死　馬島舌人　通曉我國言
語　奔告典守者長右門　長右門　行長之兄也　俟吾出門　縛收別室　別縛繼李於他所
夕將輭掛　天將再三申救曰　彼來只問老父消息耳　非有他端也　長右門者重違其請
解而歸之　胥靡登高而不懼遣死生也　歸對二兄一笑而已

自吾之入倭中　歸骨之心未嘗食息解　倭土之風　有錢則可使鬼　遂從倭僧舜首座
傭其書得銀錢　暗與壬辰被擄人申繼李林大興輩相結　仲兄率李等以銀八十文買一
船　待船事粗完　將盡起身　而繼李輕薄　又漏於倭　佐渡家掩仲及繼李等囚之大坂
日殺一人　以仲不解倭言　必是繼李等誘之　囚三日放歸伏見城　我國人姜士俊等
持酒來慰　中座賦一詩排悶曰　擧目山河異昔時　新亭猶作楚囚悲　如今高會問何地
山是愛宕河宇治

倭僧加古屛上畫黃白菊女郞牽牛花　請我題詩　三徑秋風夜有霜　離離淡白雜輕
黃　重陽靑藥猶堪摘　何事牽牛更女郞　又一幅畫琪花瑤草　瓊花瑤草不知名　九十

春光律外榮 明月樓前如可寄 美人應識遠人情 舜首座續和題一幅曰 數莖叢菊色交奇 遠客新題亦自宜 節義高秋霜露底 對花猶道是吾師

　秀吉之再寇我國也 令諸將曰 人各兩耳 鼻則一也 令一卒各割我國人鼻 以代首級 輪致倭京 積成一丘陵 埋之大佛寺前 幾與愛宕山腰平 血肉之慘 擧此可知 我國人聚米以祭 要余作文 有鼻耳西峙 脩蛇東藏 帝犯藏鹽 鮑魚不香之語 庚子二月 賊將佐渡 招守倭使寬吾家防守 守倭敎令卽出去 乃往見舜首座 求利涉之路 在疏中 四月初二日 發倭京 旣乘船賦一絶曰 聖恩遙及窖中囚 絶域歸帆近麥秋 蓬島渺茫滄海闊 却將忠義滿孤舟 行至壹岐島 以風雨留一旬 登山祭天以祈風 翌曉月星明槪 風伯指路 時五月五日也

賊中封疏

宣務郎 前守刑曹佐郎 臣 姜沆 齋沐百拜 西向慟哭 謹上言于正倫立極盛德弘烈大王主上殿下 伏以小臣 在上年丁酉 以分戶曹參判李光庭郎廳 督運楊總兵糧餉于湖南 糧餉旣集 而賊鋒已犯南原 光庭亦向京帥 臣與巡察使從事官金尙寯 傳檄列邑 收召義兵 思漢之士聚者 僅數百人 而顧戀家屬 旋卽解散 臣不得已 舟載父兄弟妻子 遵西海以謀西上 篙卒離齲 不能運船 倘佯海曲 猝遇賊船 臣自度不得脫 與家屬俱墜海水中 艤岸水淺 盡爲倭奴所執 惟臣父獨乘別船得免 分戶曹募粟空名數百通 竝爲淪沒 奉職無狀 上辱朝廷 益無所逃罪焉 賊認臣爲士族也 齊縛臣及兄弟於船樓 回船至務安縣一海曲 賊船六七百艘 瀰滿數里許 我國男女與倭幾相半 船船呼哭 聲震海山 至順天左水營 賊將佐渡守者 載臣及臣兄濬 渙 妻父金琫等 及家屬於一船 押送于倭國 船發順天 一夜晝 至安骨浦 翌日暮 至對馬島 以風雨留二日 又翌暮 至壹岐島 又翌暮 至肥前州 又翌暮 至長門州之下關 又翌暮 至周防州之上關 所謂赤間關者也 又翌暮至伊豫州之大津縣 留置焉

佐渡者之私邑三城 大津其一也 旣至則我國男女前後被擄來者 無慮千餘人 新來者晨夜巷陌 嘯哭成群 曾來者半化爲倭 歸計已絶 臣暗以挺身西奔一事開諭 莫有應者 至翌年四月晦 京師竹肆居人被擄於壬辰者 自倭京逃至伊豫 洞曉倭奴言語 臣諷以西歸之意 其人遂與定計 蓋以臣了不解倭語 不帶舌人 則寸步亦無以自致也 遂以五月二十五日乘夜西出 行三日 潛憩于海上竹林中 有一倭僧年可六十餘 洗身瀑布 假眠岩石 舌人潛告僧等喜甚從僧意 僧哀嘆再三 許以船濟臣等于豐後 臣等喜甚從僧下來 十步之內 忽逢佐渡之部曲道兵者 領卒倭遽至 知臣之連播也 勒還于大津城 自是之後 防禁益嚴 有金山出石寺僧好仁者 頗解文字 見臣哀之 禮貌有加 因示臣以其國題判 別方輿職官 該錄無餘 臣旋卽謄寫 又聞佐渡之父白雲 有其國輿圖甚詳 備人舌人模出 復以目擊之形勢 較我國防禦之長算 而間以愚者之千慮 竊議於其間 嗚呼敗軍之將 尙不可以語勇 況臣被擄偸生於賊窟中 輒敢饒筆論廟勝之得失 極知濫越 無所逃罪 然竊伏惟念昔人有以

尸諫者 臨死而不忘獻策者 苟有利於國家涓分 則亦不可以罪人而遂己也 萬里鯨海之外 九重獸闥之上 或未洞燭 此奴之奸僞 前後使蓋之出入 不但往還恩遽 戒禁嚴密 所得或未詳備 被擄脫歸之人 又多氓隷之徒 不分菽麥者 所聞見或未端的 玆敢冒昧 陳錄倭僧題判中 以倭諺書塡處 臣卽以我國諺書謄註 以便於謀人之探問 降倭之推問

蔚山人金石福者 自言都元帥權慄之家奴 癸巳秋被擄 亦來伊豫州 謀以重貨賃倭舡西歸 故臣卽以所謄錄者付其人 萬一此人 無中路壅遏之患 此書得徹於睿鑑之下 則扶桑一域 雖在絶海之表 而此奴肝膽 昭在八彩之前 變詐百出之醜奴 必以明見萬里爲神 而防禦接對之際 不無絲毫之裨補矣

倭賊以其年八月初八日 移臣等 九月十一日 至倭大坂城 賊魁秀吉 已以七月十七日死矣 大坂者倭之西京也 居數日又移臣等于伏見城 伏見者 倭之新京也 賊魁旣死 賊奴情狀 與前日頓殊 臣恐我朝之注措區畫 或失機會 因與被擄士人之在倭京者 東萊金禹鼎 晉州姜士俊等 聚朝夕米 各貿銀一錢 因擇舌人之洞曉倭語 莫能辨異國人者 資其路費舡價 使達于疆場之外 書未發而群倭已撤還矣 臣百計謀歸 手無一錢 不得已傭倭僧書 得銀錢五十餘 潛買一船 與東萊金禹鼎 京師人申德驥 晉州篙卒鄭連守等 共謀西歸 臣與兄渙 妻父金珒等未起身 臣兄濬 率篙卒舌人已歸 船所水邊之倭 潛告佐渡家 倭賊發卒搜捕 囚繫二十日 舌人皆死 其餘則久乃得解 嗚呼計窮矣技竭矣 千思百計 竝落虛空矣 豈臣之區區向日之誠 不足以感動天地 故有此萬端阻礙邪

嗚呼嬴秦 棄禮而上功 仲連尙蹈東海 武王以仁而伐暴 伯夷猶餓西山 況此倭何等醜奴 此地何等絶域 於我國臣民 何等讎虜也 況臣以漢南布衣 冒參科第 職秩雖下 履歷雖淺 而往在甲午年秋冬 猥以銀臺假郞 入侍便殿者 幾二十數 (缺) 日月之光 近臨咫尺 天語溫溫 降問姓名 丙申年冬 又忝尙書郞 自頂至踵 盡歸造化生成大澤 未補塵垢 而遽陷於絶域之外犬羊之窟 一日偸生 萬死無赦 鴻毛之命 豈敢顧惜 片時之痛 非不堪耐 而顧念一時滅名 有同溝瀆之自經 上之不能建忠立節 報補家國 下之不能明白處死 以留榮名 而與嬰兒愚婦 同爲劍頭之骸骨 誰則知之 況被擄而圖後者 在昔忠臣烈士之如文天祥朱序者 俱不得免 前史不以爲非 而予其全節者 良以身雖被擄 而所未嘗被擄者猶在也 臣之陋劣 雖下古人萬分 而願忠之志 不讓古人一頭 螻蟻之命 一息尙存 則犬馬之誠 萬折不已

卽當百計逃還 就顯戮於王府之外 縱令身首橫分 猶勝死葬蠻夷 況醜奴情狀 已落臣阿睹中 萬一天假其便 釁有可乘 則卽當以不費之身 首三軍之路 憑國家之威靈 上雪山陵廟社之恥 下洒秦臺燕獄之痛 然後伏首司敗 以謝今日偸生苟活之罪 此臣之按劍中夜 腸一日而九回者也

嗚呼遠托異國 昔人所悲 眞簡歇後語也 此生餘年 不敢復覩漢官威儀而生過對馬島 望釜山一抹 而朝以至夕以死 更無絲毫餘憾矣 其倭情所錄 及擬上賊魁死後奸僞 並錄如左 伏願殿下 勿以小臣之偸活無狀 而並棄其言 陽開陰闔 雷厲風飛 間以此書從事 則於折衝禦侮之廟算 不無少補矣 伏惟殿下 試留神澄看焉 臣無任兢惶隕越哀痛切迫之至 謹奉疏以聞

萬曆二十七年四月十日

倭國八道六十六州圖（見下 此圖複出而在 下者加詳細諸此故）

在上世 有葺不合尊者號爲天神 以一劍一璽一鏡 降於日向州 仍都日向 後遷都太和 又遷于長門州之豐浦 又遷都于山城州 今之倭京也 自開闢以來 一姓相傳 到今不易 臣得見其國史編年 及所謂吾妻鏡者（吾之得失 卽形于吾妻 觀於吾妻 可見吾之得失 故以爲史名云）則四百年前所謂倭天皇者 猶不失其威福 自前世擇大臣一人 摠攝國政（大納言 大政大臣 大將軍 關白 等官 爲之）然猶奉行其天皇之命而已（其天皇 或稱天尊）自關東將軍源賴朝以後 政委關白 祭則天皇 及賊魁之代信長 而倒懸極焉 天皇畿縣之土 盡爲賊魁所占奪 分裂土地 以授其諸將（在王所者俸祿之薄 多者僅數千石 賊魁之私人若家康 輝元者 食邑連亘八九州 俸祿至五六萬餘石）諸州多置代官之土 使諸將之食其土者 兼察代官之土 收其土毛 貿販銀錢 輸致王京 以爲國用 代官三萬石 則食土者自食一萬石 故倭將之多受代官土者 例多饒富 食土者在前世 則猶恥盡取於民 留其半以與農民 故農民不甚貧瘠 將倭不甚豐足 及賊魁之代信長 而箕斂極焉 糞田取盈 藁秸不屬於民 故將倭富擬秀吉 農民貧無儋石

其所謂攝政者 在前世 則必以藤橘源平四大姓爲之 貴以襲貴 賤以襲賤 故當權之倭 猶或重惜名義 不敢恣爲不道 及信長爲其下明知所殺 秀吉自奴隷崛起

攻殺諸大臣 自稱關白 請受四大姓於其國王 在王所者 皆曰餘事 惟公姓不可許 賊魁恚退 自稱平氏 其後又改爲豐 今之當路者 皆庸奴市兒之託秀吉 卒富貴者 也 倭僧之稍有識者皆曰 自有日本以來 未有如此時之顚倒者也(賊魁初稱關白 其 後又推稱大閤 養其妹之子爲關白 乙未 聽飛告 誅殺關白及其郞從云)

秦始皇時 徐福載童男女入海 至倭紀伊州熊野山止焉 熊野山尙有徐福祠 其子 孫今爲秦氏 世稱徐福之後 今爲倭皇則非也 洪武中 倭僧津 絶海入貢 中原 太 祖命賦詩 詩曰 熊野山前徐福祠 滿山藥草雨餘肥 至今海上波濤穩 直待好風須 早歸 太祖賜和章曰 熊野峯高血食祠 松根琥珀亦應肥 昔時徐福浮舟去 直至于 今猶未歸

有弘法大師者 讚岐人也 歷中國入天竺 學成佛法而歸 國人謂之生佛 以倭人 不解文字 依方言以四十八字 分作倭諺 其諺之雜用文字者 酷似我國吏讀 不雜 文字者 酷似我國諺文 倭人之號爲能文者 只用諺譯 文字則不能知 惟倭僧多 解文字者 性情與凡倭頗異 姍笑將倭之所爲

嘗有示臣以弘法師所記者 得見其地圖後錄 則日本爲國 其道八 其州六十六 壹岐對馬則不與焉 其島二 其鄕九萬二千(城池所在 謂之鄕) 其村十萬九千八百 五十六 其田八十九萬九千一百六十町 其畠十一萬二千一百四十八町 (倭人謂我 國五尺長許爲一間 五十五間爲一町 三十六町爲一里 倭中一里 猶我國十里之長 關 東則只謂六町爲一里 謂水田爲田 山田爲畠) 佛宇二千九百五十八 神宮二萬七千六 百十三 男數十九億九萬四千八百二十八人 女二十九億四千八百二十人 雖沿革 嬴縮 代各不同 而大略則可以推見也 又曰 日本極東則陸奧 極西則肥前 自東陸 奧至西肥前四百一十五里 極南則紀伊 極北則若狹 自南紀伊至北若狹八十八里 自陸奧平和泉至夷海上三十里 坂東路百八十里云 嘗謂倭國之大 不及我國 及見 倭僧意安者 倭京人也 自其祖其父 北學於中國 至意安 稍解算學天文地理 嘗作 土圭 以測日影 略知天地之圓方 山川之遠近 嘗曰 壬辰之役 倭人悉取朝鮮戶曹 田籍來 半不及日本田籍云 其人木訥可信 疑或不妄 而且以關東及奧州道里推之 則我國極遠矣

新羅人曰羅人入倭中 倭人尊事之爲大郞房 及其死也 尊祀爲愛宕山權現守神 擲 錢米求福者 至今輻輳 神門塡咽如市 淸正等尤甚尙鬼 蓋其風俗 小黠大癡 衆所 尊譽 不求端訊末 而一向趣之 一番昏惑 終身不解 蠻夷之陋 如是矣

東海東山北陸三道 則道里絶遠於我國 故自壬辰不與於犯順 畿內山陽山陰 南海四道 則分番出入 西海一道 則道里絶近於我國 故自壬辰 長番屯守

壬辰之役 軍數十六萬一千五百名(甲卒如是 藁卒不與) 將倭則安藝中納言輝元(在尙州者) 其養子安藝宰相秀元 備前中納言秀家(入南別宮) 筑前中納言金吾 增田衛門正長盛(入京城者) 中將政宗(先登晉州者 眇一目勇悍) 脇坂中務 長岡越中守 戶田治部大輔(入海西者 役還死) 石田治部少輔 薩摩守島津兵庫頭義弘 肥前州地主龍藏寺 淺野彈正 其子淺野左京大夫 生駒雅樂正 其子讚岐守一正 長曾我部土佐守盛親 蜂須賀阿波守家政 池田伊豫守秀雄 藤堂佐渡守 大谷刑部少輔 加藤左馬助 小川左馬助 宮部兵部少輔 福藁右馬助(福藁 或作福原) 中川修理大夫秀成 加藤主計淸正(一名虎介 入北道者) 小西攝津守行長 黑田甲斐守 毛利壹岐守 毛利民部大輔 松浦法印 竹中源介 早川主馬頭長政 楊川立橘左根 寺澤志摩守正成 犼柴對馬守義智

丁酉之役 軍人減半 其數十萬四千五百名 將倭則安藝宰相秀元 備前中納言秀家(入綾城和順) 筑前中納言金吾 淺野左京大夫 島津兵庫義弘(鎭泗川者) 肥前龍藏寺(其家臣鍋島加賀守代行) 加藤主計淸正 小西攝津守行長 (鎭順天者) 黑田甲斐守 阿波守家政(舟至務安) 生駒讚岐守一正 土佐守盛親(入羅州) 加藤左馬助(舟至務安) 福藁右馬助(舟至務安) 早川主馬頭長政 中川修理大夫(舟至務安) 毛利壹岐守 毛利民部大輔(舟至務安) 楊川立橘左根 藤堂佐渡守(舟至務安) 寺澤志摩守正 成伊豫守秀雄(入光州) 殺掠尤甚 舟至珍島 死於舟上) 垣見和泉守一直 松浦法印 熊谷內藏允直茂 犼柴對馬守義智 來島守(爲李舜臣所敗死)

有安國寺者 倭僧也 初託身於輝元 輝元與賊魁有隙 安國者往來調劑 遂得相驩 賊魁多賞以土地 則固讓不受 止受二萬石之地 兩番入寇爲軍謀 頗以機略自許 倭僧皆笑其先貞後黷 勉力主講和 自始至今云 有兌長老者 以文字自負 曲事賊魁 至受萬餘石之地 臣因倭僧 得見其爲賊魁所作學問記 及與沈遊擊問答書記 則專務誇張 至曰如大明者 聞風來朝 如朝鮮者 以不義征之云 誠可痛心切骨 又有安國寺西堂(我國之所謂玄蘇者也)者 爲義智謀主 頗能文字 譏侮我國文字 多出其手云矣

戰有功者 卽以土地行賞 食邑或有亘八九州 或亘數州 其次專一州 又其次專數城 又其次專一城 最小者分割鄕井 或自褊裨 驟得州郡 無功則貶削土地 不齒

人類 故戰不勝 則不俟誅戮而自引決 戰亡將士 其子弟襲其職 伊豫守秀雄病死
於珍島 其子孫四郞者 卽軍中代受其職 來島守戰死於全羅右水營 其弟代居其城
以及於忿爭鬪鬨者 斫殺其仇敵 又從以刎頸決腹 則衆莫不嗟惜曰 眞丈夫也 指
其子孫曰 玆乃敢死者之後裔也 輒得貴婚 食土者又分其土 以許部曲之有功者
部曲又以其土之毛 收養精銳勇力者 學劍者 放砲者 引弓者 善水者 通曉軍法者
急走者 稍有一藝一能者 竝羅而致之 大州之守則其數以累萬計 小者以累千計
一有攻戰 則賊魁令諸帥 諸帥令部曲 部曲令家丁 伍兩卒旅精兵健卒 取之左右
而有餘 其農民終歲緣南畝 以給其糧道 一將之部下爲一將之士卒 而無倉猝徵發
之勞 一州之倉庫 給一州之軍餉 而無兵糧匱乏之患 是雖夷狄部落之常態 其部
伍常定 訓鍊有素 故動輒有功

臣伏見我國 不素養士 不素敎民 壬辰以來 驅驟農民 以赴戰陣 稍有材力有恒
産者 以賄賂得免 貧民之無所聊賴者 獨賢於征戍 加以將無常卒 卒無常帥 一邑
之民 半屬巡察使 半屬節度使 一卒之身 朝隸巡察使 暮隸都元帥 將卒數易 鈴
束無暇 體統不屬 模樣不成 將何以驅驟於死地 制敵人之死命哉 衙門甚多 政令
不一 州縣士卒 盡數徵發 州縣倉庫 盡數轉輸 賊至城下 守令但擁空城 雖使張
韓劉岳 復生於今日 勢不得不走矣 李福男朝爲南原府使 暮爲羅州牧使 今日爲
防禦使 明日爲節度使則不可也 旣曰不可爲防禦使 必至論遞 則又豈可爲節度使
哉 旣曰可堪爲節度使 必至起廢 則又何必遞防禦使哉 軍門數遞 士卒解體 其視
大將 有同一褒城驛 倉卒臨敵 豈能用命 李舜臣爲水路長城 罪狀未著 而卒從吏
獄 以元均代其任則不可也

壬辰被擄之人 隨賊入寇者 皆曰 丁酉七月十五日 倭將募銳卒乘輕舟 偵探我
軍動息 我國兵船 船徒鼾睡 賊徒遽發二砲矣 我軍爭割船纜 錯愕失措 賊徒奔引
兵船 一時進戰 閑山遂失守 及諸倭遵西海而西上 至全羅道右水營 李舜臣以戈
船十餘艘 力戰却之 倭將來島守敗死 民部大夫落海潮僅免 其餘小將死者數人
以此言觀之 則均之馭軍無狀 舜臣之以寡敵衆 槩可知矣 閑山旣破 賊兵已犯湖
南 而巡使朴弘老始論遞 新使黃愼始踐更 則不可也 弘老旣解任 黃愼未到界 營
門一散 不可收拾 五十三官 無一處聚兵之所 賊兵散漫橫行 如入無人之境 兵興
以來 八道之受害 未有甚於湖南 良以一道無主故也

閑山旣破 賊兵已圍南原 而吳應台始爲全羅防禦使 金敬老始爲全羅助防將 則

不可也 臣於其時 歷在潭陽府 目見敬老等始受命 手下無一卒 賊勢又急 無暇於
徵募 單騎奔走 借禰神二人於巡察使 以赴伏兵所 當此之時 雖使郭子儀當之 亦
無可奈何矣 朝家之易一官差一使 似不大段 而卜三道赤子之命 盡陷於凶鋒 則
大段事也 宗廟社稷之危 至如綴旒 則大段事也 伏願殿下 差一邊將 重之謹之
易一邊將 重之謹之 勿以文武爲限 勿以資格爲例 勿問尾生 孝己之至行 勿擇崔
盧王謝之家世 擇其有材力有膽略 嘗倭力戰 顯有軍功者 一定爲湖嶺邊將 沿邊
之當賊衝處 百里許每設一大鎭 省內地傍縣以益之 許其久任 假以便宜 始宋祖
之任郭進於西山十二年 潘美於雁門十五年 有功則但增其秩 有罪則只削其資 雖
謗書盈篋 而必待敗軍亡城 然後顯行梟戮 有大功則進爵遷官 如唐檢校司空之例
如宋使相之比 終其身勿許移鎭 管下民丁 自出身無官者以下 悉委其手中訓鍊
土地所出 自上供田稅以下 盡屬爲軍餉賞格 切勿使各衙門侵奪邊鎭士卒及倉積
邊將日以訓士卒備器械修戰艦治城隍爲務 一有警急 則守將親率部曲 以相應援
則倉廩有餘 將士相信 規摸豫定 權力在手 必無臨時窘迫之患矣 且夫宮室之美
衣食之豐 妻妾之奉 人情之所必至也 有識者尙不能免 而況於武將乎 我國鎭堡
諸將 寄食於士卒 侵漁拮据 勢所必至

沿海諸島 地極膏腴 魚鹽之利 又勝於土地之毛 而往往爲海濱豪右所占 經亂
之後 邊邑一空 良田美宅 葦葦極目 勢家豪族 誘脅守宰 折受立案 多聚農民及
逃卒 使之耕作 徵發之際 官吏束手 莫敢擧摘 賊勢旣迫 則連車竝駄 易以逃避
國之亂民 莫甚於此

伏願殿下 明勅攸司 海濱諸島之有魚鹽沃壤者 及海濱良田之化爲草萊者 並折
與邊將之顯有軍功者 使爲食邑 招集流民 使之開墾 收其中壯士以爲軍人 土毛
以爲軍餉 旣終其身 又傳子孫 則不惟將帥一身之富貴 亦且子孫萬世衣食有餘
人自爲守 人自爲戰 士卒自足 兵糧自在 戰艦自備 民有奠居之安 國無漕轉之虞
矣 如是然後 可責守城 如是然後 可責制敵 苟能守城 土亦何愛 苟能制敵 貪亦
何傷

臣伏聞我國在平時 嶺南田稅 太半輸入於東萊釜山 以爲倭使往來之需 及臣被
俘來倭中 因倭僧細問平時之所謂倭使者 皆馬島主所送私人 所謂倭國書 皆馬島
主所譔僞書 不惟群倭了不與知 雖壹岐肥前諸將倭 亦不得聞 對馬島中 水田無
一畝 欺罔我國 取賜米以爲公私之費 金誠一等之來 倭僧聞此事於我國舌人 欲

言其僞 則馬島舌人恐情狀之露洩 遽卽麾去云 交兵之釁 悉出於義智之謀 攝津守行長 義智之妻父也 義智者 不能自達於賊魁 因行長細告我國虛實 行長者請於賊魁 身任其事 兵連禍結 物故相當 雖倭人怨之次骨日 攝津守實爲此事 雖淸正之驚悍 亦曰 開朝鮮兵釁者 攝津守耳 行長見我國事結末無期 恐一朝撤還 我國聲討義智 且不許互市通路 故力主和解者 實爲義智地耳 嗚呼 竭一道赤子之膏血 以充幺麽一醜奴之溪壑 竟受其厚誣如此 孰若減上供田稅 以資邊將之需乎

爲城邑 必於獨山之頂 江海之濱 夷山之巓 而劘削其四面 使猿狄不得上 其城基廣而上尖 四隅設高樓 最高者三層 主將居焉 軍糧軍器之庫 皆設於樓中 開一門一路 以通其出入 門內多積沙石 城外設長垣 高可一丈許 垣中數步設砲穴 垣外鑿城濠 深可八九丈 引江水以注之 壕外又設木柵 濱江海處 舳艫相連 城底民丁 日爲水戱 精勇之士 環城而居之 問之則曰 獨山之頂者 我可以俯瞰 彼不得臨壓 我之砲矢可以下 彼之砲矢不得上也 江海之濱者 只防一面 事半而功倍也 基廣者 難於衝毁也 上尖者 易以俯瞰也 一門一路者 防守不分也 門內沙石者 爲老幼皆可下手也 舳艫連江者 防水路也 民丁之日爲水戱者 習水戰也 精銳之環城而居者 爲倉卒易以入保也

我國城池 正與此粗相反 丁酉之戰 賊見湖南諸城 莫不笑其齷齪 及見潭陽之金城 羅州之錦城 則曰使朝鮮固守 我何可攻陷云 凡此皆臣親所聞於隨倭舌人者也 臣竊又思念諸處山城 形勢雖好 頗與邑居懸遠 緩急始收邑居之民 使入山城 賊勢稍緩 則愚下之民 顧戀家業 憚其險遠 而不肯入保 賊勢旣迫則扶老携幼 竄匿山野 而又不肯從令 況望其傍邑之疊入乎

今者湖嶺城邑 盡已蕩毁 莫若乘其蕩毁 移設潭陽府於金城山城 省傍近數邑以益之 收其近處及邑底吏民 使之居於城中 依古昔二畝半在田 二畝半在邑之制 農月則留家帑於城中 而耕作於野外 滌場則收稼穡於野外 而聚保於城中 主將以農隙修改其城隍 賊至則因其人因其城以守之 城守之官 必擇文武才略有牧民御衆之才者 久任責成 許其采地 一如邊將之例 或令監兵使留營以鎭之 移井邑長城於笠巖 如金城 移同福昌平於甕城 亦如之 以及於嶺南諸山城 盡爲治所 則複屯相望 聲勢相倚 此賊必不敢如前荐食矣 或者倚曰 道路險遠 糶糴非便 則依前社倉斂散之制 近地則直納邑城 遠途則收入社倉 城中之穀 只屬軍糧 社倉之積 斂散民間 亦未爲不可矣 若以湖南言則惟興德古阜兩城 形勢頗好 兩邑守令及人

民 厭憚守城 又欲棄本城而入山城 緩急則兩委而幷棄之 誠可痛心 臣竊又思念
沿海之有鎭堡 所以備瞭望備水戰也 而自平時痼弊已甚 有同兒戲 僉使萬戶只徵
代價 以爲朝夕妻子之奉 亂離之後 水卒幾盡死亡 所殘者空城耳 加以靈巖之民
屬役於海南之浦 寶城之人 赴防於順天之堡 行齎居送 往來艱苦 倉卒逃散 搜括
非便 此又巨弊也 爲計莫若盡省沿邊小鎭堡 移置海濱州縣於沿邊要害 移鎭堡防
卒 以屬州縣 必使其邑之民 入防其邑之城 防卒身役之外 切勿以戶口雜役侵年
邊邑水戰之外 切勿以刷馬雜事徵督 平時則裝造戰艦 泛泊洋中 齊聚城底民丁
邑下防卒 分番更代 訓鍊武備與水戰 有變則齊屬於統制使 人自爲戰 則城守水
戰 庶乎兼擧矣

其相稱號 或曰樣 或曰殿 自關白至庶人通用之 夷狄之無等威如此 自將倭至
奴倭 必佩長短二劍 坐臥不釋手 蓋一戰國也 其所謂攝政者 鮮以壽終 東西南北
互相侵奪 惟力是視焉 及賊魁之專 專以術數御其群下 徵聚東方諸將於伏見 以
築新城 分送西方諸將於我國 更代出入 以銷其犯上作亂之心 丁酉六月 諸倭盡
撤還 惟淸正行長甲斐守義弘及龍藏寺肥前守之別將對馬守十餘陣 留在我國云
行長與淸正素有隙 自壬辰交兵以來 交搆愈深 雖賊魁極意調劑 而猶不能使之釋
憾 淸正見行長 例以暴戾相接 而行長者外示恬和以應之 古之謀士 猶能間無疑
之君臣 無隙之兩將 況此兩賊之相搆至此之甚 而我國不能乘便間謀 以貳其攜
因設卞莊子之巧 邊將可謂無策矣

其農民 獨無刀劍 受田土於守土者 以爲稼穡 無尺寸之土 不屬官人者 種一斗
之地 例徵米一斛 以我國之官斗計之 則倭一斛 可容二十五斗 冀其田而不足 稱
貸而取盈焉 又不足則納其子女 以爲廝養 又不足則囚繫於岸獄 極其侵掠 旣足
而後 乃許解縱 故其民雖當樂歲 只食糠粃 登山採蕨根葛根 以度朝夕 又番遞入
直 採薪汲水以供之 倭中之可矜者只小民耳 蓋以待其民之道 待他國之民 則雖
得之 不能一朝居之 嶺徼沿海之民 只在夢魘中耳 精兵健卒 盡在城邑 農民之所
有者 只鋤櫌棘矜 不得以承命 然時猶聚黨 攻陷州縣 故寇我國之日 半分守邑之
兵 以備不虞 民嚴之可畏如是矣

其槍戟甲冑旗帳舟楫 務令簡便華靡 多以虎皮及鷄尾爲戎衣 且以金銀作碗碻
以裝馬首及人面 極其詭駭 要欲眩曜人目 臣初見之 不覺一笑 壬辰年潰退之軍
皆曰 虎豹魑魅 一時俱發 不覺喪心褫魄 嗚呼 死虎之皮 死鷄之尾 豈能殺人 木

人之面 木馬之面 豈能殺人 要之我國軍令 不如死虎死鷄木人木馬之可畏故耳 其人短小無力 我國男子 與倭角力 倭人輒屈 其所謂輕生而忘死者 亦不能每人 而得之 自丁酉秋至戊戌春夏 與天兵交鋒 殺傷甚多 督令加點 則涕泣而往 間有 棄家逃走者

或囚其母妻以送之 放砲者十居二三 而發命中者尤少 嗟乎 以我國士馬之精銳 弓矢之長技 屈於此奴之短兵 寧捨君父之讐 寧以子女與賊 而不肯效死力戰 至 有如臣之被擄偸生者 罪當萬死 不容誅矣 戊戌夏 賊徒自嶺徼撤還 皆曰日本之 劍 只用於數步之內 朝鮮之弓矢 遠及於數百步之外 使朝鮮力戰 難與爭鋒云矣 臣之懦劣 最出萬夫之下 然以耳目之所覩記 苟得手中訓鍊之兵數千 則亦可保守 三里之城七里之郭矣

殺降倭 甚大失策 非但殺已降 道家之深忌 彼纔免襁褓 卽餬口於將官之家 平 生不見父母兄弟 不入鄕黨隣里 從征四方 動淹旬月 雖有妻子 罕見其面 故惟將 倭及農民有妻子 其餘則太半無妻子 無一分顧戀鄕土父母妻子之情 惟衣食是從 彼見我國之土地膏腴 衣食豐足 其國之法令刻急 戰爭相尋常相謂曰 朝鮮誠樂國 也 日本誠陋邦也 或人輒因其言開風上 我國待降倭 極其恩恤 飮食衣服 一與將 官一樣 間有得三品重秩者云 則聽者莫不吐舌嗟嘆 誠心願歸 臣伏見我國自癸甲 以來 前後降倭 或多誅殺 彼業已歸順 馭之有方 則必無端亡走之理 伏願殿下 繼今以往 明勅諸將 降倭之已來者 豐其衣食 結以恩信 又令舌人及降倭等 潛入 倭陣 招出後來者 則彼之歸附者 計可日以十百數 非但使彼有羽毛零落之漸 交 鋒之日 以其所長 攻其所長 以我所長 攻其所短 則保無不勝 以蠻夷攻蠻夷 中 國之上策 此之謂也 況此奴多生擒我國男子 以充部伍 彼之健兒之自來者 豈可 戕殺 爲倭奴甘心哉(自倭國 道以下至此 乃伊豫州所錄 戊戌封付金石福者也)

賊魁秀吉 自戊三月晦 已得疾 夏季則病矣 其子年纔八歲 自知必死 盡屬其 諸將 托以後事 措置旣畢 賊魁遂以七月十七日死 家康等祕不發喪 剖其腹 實之 以鹽 置諸木桶 加平時冠服 雖諸將莫能知其定死 至八月晦間 始不得掩覆 蓋慮 其國內生變 故從容發喪以鎭之 或云淸正等不參齊盟 恐其倒戈相向 故以賊魁疾 甚招之 以觀其去就

丁酉之役 賊魁令諸將曰 人有兩耳 鼻則一也 宜割朝鮮人鼻 以代首馘 一卒 各一升 沈之以鹽 送于賊魁 鼻數旣盈而後 乃許生擒 血肉之慘 以此尤甚 賊魁

旣閱視之 聚埋于北郊十里許 高作一丘陵 曾未踰年 而鹽又實其腹矣 賊魁死後 佐渡者移臣等置之倭京 始得聞家康等大集船艘 使之畢載巨濟等處軍糧 且載我 國沿海居民市肆 盡數撤還 且令石田治部 往招淸正等 居數日 飛使乘飛船(倭 謂急使曰飛使)發釜山 七日到倭京 乃淸正所送也 來曰 唐船及朝鮮兵船 自西 海蓋海而來 倭城十六 幾盡受圍 吾朝暮且死 援兵若不早出 吾且決腹 不受人 刃 治部者亦留肥前不敢渡 家康等 聚諸將 議論未決 臣落在長夜中 昭世之 事 了不聞知者已經年矣 兵家之機變 非無狀小臣所可遙度 而間與俘擄人稍有 計慮者相謀 則皆曰乘援兵之未渡海 急咨軍門諸處 盡發天兵之散在我國者 悉 發我國諸色軍 距賊陣十里許 環作營壘 番休更戰 使此賊奔命不暇 水軍繞出賊 後 出沒洋中 切勿進薄城下 使爲窮寇 且使我船有艤膠之患 待其失穴 乃躡其 後 使片帆隻輪不得生還 以雪宗廟山陵萬世之恥 此是上策也 臣細聞淸正等軍 各不滿數千 惟義弘所領八千 經年攻戰 物故創殘者 計可太半 衆寡旣絶 主客 勢殊 萬無支吾之理矣

淸正等雖或健鬪 孤軍客寄 勢不可久 且其私邑 皆在肥前肥後 九州之內 城池 民社倉庫銀錢 盡在此處 此其根本也 蔚山順天 一石田耳 彼慮其國邑之內訌 黃 雀之議後 前無所得 退無所據 故汲汲撤還 乃其本心也 特以無緣退來爲非 夫且 慮我師之追踵 不得善其歸耳 諸倭之欲往救者 盡顧其後 亦慮其救人災而受己禍 畢竟不得不撤還 但行長者 姑爲義智 固求師盟 然後乃欲退師 今若閉此擄求和 之使 陸軍則分屯要害 截其應援之路 水軍則分屯便便 時以輕舟出沒抄掠 待彼 計窮撤退 縱其歸路 追躡其後 至于對馬島 使此奴大生創艾 更沮西向之心 此是 中計也

戰爭一事 此奴之長技也 且交兵以來 自將倭至於小民 往來我國者 十人八九 莫不審知我國之虛實 城池之險易 土產之所在 流涎染指之心 未嘗暫忘 況往來 道里 又從以逼近 當初馬島守貪樂官隆 以道里迂遠 風濤險惡爲對 及義智求媚 於秀吉 乃以實對 自對馬抵釜山水驛一日 自壹岐抵對馬 又一日 自肥前抵壹岐 未滿一日 今雖敗退 數十年後 戎復生心 倭奴之性 重盟約 與之連盟 或可保百 年無事 今者天斃賊魁 家康輝元等 誠心願和 或者因其請和 降咫尺之書曰 請和 一事 若誠出於爾國君相 則爾等須退屯對馬等處 別以一介之使來 不宜屯兵境上 以求盟好 爾使旣來 我當報聘云 則此賊急於求和 理郎聽從 夫如是則不惟子遺

之民 共釋干戈之苦 而祖宗二百年之赤子 淪沒於左袵者 亦有去虎口歸慈母之路
矣 此是下計也 凡此形勢 皆臣等所目擊 非敢傳訛 以瀆淸聽 伏願上稟天朝 俯
詢巖廊 隨時變化 觀勢屈伸 於斯三者 取其一焉

　虞侯李曄 被擄於淸正 淸正送于賊魁 賊魁數招見 或將其鬚 或撫其背 因自超
跳 以示其勇 舘之於大藏家 衣之以錦綺 曄出日 何汝錦綺爲 留四月 遂結壯士
之解倭言者 散賊魁所與銀錢 買船西出 居數日 大藏者覺之 水陸追捕 至備後之
土毛 追者已至 曄引劍自刺 劍出背後 自墮海中 其在船者或自刺或被執 賊句出
曄屍 生致其餘 至倭京 盡加轘掛 我國男女聞者 莫不流涕 或作文以祭之 臣追
到倭京 聞曄所爲 亦可謂烈丈夫矣

　行長者 押天朝差官 舘於和泉之界(和泉攝津河內三州之界 故謂之界 異國使至
例置此) 行長之兄子長右衛門者舘守 臣乘夜潛出 與壬辰被擄人申繼李林大興等
往見之 賂門者得入 差官見臣 極加矜愍 招告人問臣被擄曲折 飯臣而語者移時
守倭覺之 牽臣縛暗室中 別縛繼李等於他所 蓋意臣告其國陰事也 梁山人白受繪
自壬辰被擄在長右門家 聞倭以日暮欲轘臣等 與寺僧設機力救 差官亦再三申解
解臣等縛 還之伏見 爾後我國人無得出入者 差官亦必待典守倭許送人然後留置
客舘 仍欲帶還云矣

　兵法 器械不利 以其卒予敵 臣來倭中三年 日見倭奴 以鍊修軍器槍劍爲事
必以千年古劍爲最 次以六七百年爲好 若近年所鑄 則皆以爲無用 棄置而不收
拾 倭奴之新劍且不中用 況我國之新造乎 其以卒予敵 無足怪者 前後降倭中
必有知劍鑄劍 磨劍者 忠信重祿 逐日鍊造 而釜山若開互市如前日 則令舌人之
知劍者 多載重貨 乘舡買出 以備倉卒之用幸甚 雖然 此乃一邊將之事 要在邊
將得人耳

　嗚呼 百聞不如一見 臣之前後所錄 未嘗不竭其心思 繼以目擊 緘封和血 耿耿
自奇 適因天朝差官之行 手書二件 以其一付天朝差官 以其一付我國人辛挺南等
恐其有中路浮沈故也 伏願殿下 勿以小臣之儵活無狀 而幷棄其言 則宗社幸甚
赤子幸甚(自賊魁秀吉以下至此 通前封付金石福者 乃在伏見城時所錄 己亥封付王建
功以達者也)

　已上封疏前後凡三本 戊戌在伊豫州時 封付金石福者一本也 己亥在伏見城時
封付王建功者一本也 更寫封付辛挺南者一本也 辛挺南則不達 王建功所齎本 獨

達于朝 自上深加歎賞 疏下于備邊司 金石福則至辛丑秋始得出來 呈于體察使李德馨 德馨曰 姜已生還 此疏不須上 還付之云

賊中聞見錄

倭國百官圖

帝王(天子) 卽倭皇帝也 不剪髮不下堂 望前素食 望後鮮食 在前世威福已出 置攝政關白大納言等官 以攝君事 中世以後 攝政等擅執國命 所謂天皇者 號令不出王城 置奉行一人 看護王城內外 秀吉之世則德善院玄以者 爲王京奉行 奉行者典守之稱號也

攝政(殿下) 關白(殿下) 將軍(幕府) 大政大臣(大相國) 大納言(亞相) 中納言(黃門) 小納言(給事) 宰相(三議) 貳位(特進) 三位(三品) 左右大弁(尙尹) 左右中弁(郞中) 左右小弁(員外郞) 侍從(拾遺) 左右大將(幕下) 中將(羽林) 小將(羽林) 檢非違使(大理) 中務(中尹) 判官(延尉) 外記(外史) 內記(柱下內史) 縫殿式部(吏部) 大學(祭酒) 治部(禮部) 兵部(平部) 刑部(討部) 民部(戶部) 宮內(司農) 掃部(灑掃) 雅樂(大樂) 玄蕃(鴻臚) 大藏(大府) 織部(兼織梁署) 大膳大夫(光祿) 木工(匠作) 大炊(大倉) 主殿(尙倉) 典藥(大醫) 采女(采女) 彈正(霜臺) 左右京(京兆) 主馬(廐署) 左右(衛府) 將監(新衛) 左右衛門(金吾) 左右馬(典作廐) 兵庫(武庫) 左右兵衛(武衛) 修理(匠作) 勘解由(向勘) (勘字未詳何字 姑依倭本書塡) 帥(都督) 大武(大卿) 帶力(月法) 圖書(抵尹) 準人(布議反) 主計(度支) 主稅大使(二千石) 權守(判官代) 監物(城門郞) 主水(上林署) 大舍(門僕)

在前世 帶官銜者 任其職事 在中世以後 以土地分付有官者 官有其名 不治其職 近世以來 遂以官名及州名 爲人名稱 將倭家部曲厮養 俱帶達官與州守之號

倭國八道六十六州圖

(用明天皇時 定五畿七道 文武天皇時 分六十六國 倭僧所錄 或不成文理 而不依本文則慮其失實 故幷依舊本謄錄 而諸州之末 更附新所聞見 以便參考)

○畿內 五國(五十四郡)

山城(雍城 尋州) 上 管八郡(乙訓府 葛野 愛宕 紀伊 宇治 久世 綴喜 拾樂 拾一作相) 行程南北 百有餘里 朕跡多有藥方 種生百倍 味升甘 大上上國也 (上管之上 謂土品之上 大上之大 謂地方之大 上上國之 上亦以土品言之 下皆倣此) (王京及賊魁所 築伏見新城在)

太和(和州) 大 管十五郡(添上 添下 平部 廣賴 葛上 葛下 忍海 宇智 吉野 宇陀 城上 城下 高市 十市府 山邊) 南北二里餘里 山繞而土産十倍他國 名所舊跡繁 大上上國也 倭之南都也 倭王舊都於此 名曰和國 亦名曰野馬臺 野馬臺者梁武帝之所命也 以倭國人道輕薄 如野馬 故以名其都 倭人至今稱太和曰野馬臺 有四百八十寺 極其華麗(增田衛門正者 以奉行食三十萬石 新主駿河守 食三萬石 池田孫四郎 食二萬石 土地膏腴 稻米甚白)

河內(河州) 大 管十五郡 (錦郡 石川 占市 安福府 大縣 高安 河內 讚良 茨田 交埜 若江 澀河 志紀 丹北府 丹南) 四方二日餘程 堤沼池井多而種生五倍 市廛許多也 大中國也 靈龜二年 割河內大鳥郡 神護慶雲四年 停河內島國 (秀吉之諸小將 分食之)

和泉(泉州) 下 管三郡(大鳥 和泉 日根) 南北百餘里 負山抱海 故五穀帶冷濇之氣欠味 國廣醬醯魚鱉多 大下國也 (小出播摩守 石田木工頭 食之)

攝津(攝州) 上 管十三郡(住吉 百濟 東城 西城府 八部 島下 豐島 河邊 武庫 免原 有馬 能勢) 二日半程 帶皇城而抱西海 南暖北寒 故五穀先熟 魚鹽繁 大上國也(倭之西京 大坂在焉 襟三河 俯大海 形勢勝於伏見 土地皆屬關白)

○東海道 十五國 百三十四郡

伊賀(伊州) 下 管四郡(河拜府 山田 伊賀 名張) 四方一日程 東南海而北山多 依生暖氣 草木竹蔘多 小上國也 (筒井氏 食之 大和之大姓也 有順應者 極勇悍 秀吉毒殺之 其子移食伊賀 長束大藏之弟伊賀守 分食之)

伊勢(勢州) 大 管十六郡(桑名 朝明 鈴鹿 河曲 壹志 菴藝 多度 錦島 御坐島 員弁 三重 安濃 飯高 飯野 渡會 多氣) 南北三日餘程 山海平均 勝餘州 仍爲國親 土厚貢多 蒔一得百 大大上國也(京極 食之 地有伊勢大明神宮 土人事之 如事父母 土産白金)

志摩(志州) 下 管二郡(答英 志虞府 甕島) 此內一郡伊勢也 四方半日程 一郡志州合爲一國 海藻多 下下國也 (九鬼大隅守父子 食之)

尾張(尾州) 下 管九部(海部府 中島 羽栗 丹羽 春日部 山田 愛智 智多 當竇島) 南北三日程 地厚土肥 種坐千部里多勝日本國 大上國也 (福島大夫 食之 諸小將亦分食之)

參河(參州) 上 管八郡(碧海 賀茂 額田 旛頭 寶飯府 八名 設樂 渥美) 東西一日半程 山河多而淺一尺 故五穀不熟 國之下下小國也 (生田三左衛門及田中兵部 食之)

遠江(遠州) 上 管十三郡(濱名 敷智 引左 麤玉 長上 長下 盤田府 周智 山名 佐野 城飼 蓁原 山香) 山河鄉里相交 地七尺 種到千倍 又萬萬倍大上上國也 (掘尾帶脇 食之)

駿河(駿尋) 上 管七郡(志大 益頭 有度 安倍府 盧原 富士 駿河) 上下與國同 東西二日半程 山原野里均等 抱海帶山 里產多 大中國也 (中村式部少輔 食之) 地有富士山 形如覆瓿 頂有大穴 其深無底 暖氣自下直上 有同雲霧六月常有雪 宋太史景濂詩曰 萬朶蓮花富士山 蟠根墜地 三州間 六月雪花飄素靆 何處深林求白鷳者 是也 (倭奴之貿販於福建南蠻等諸國者 望見富山絶頂於海中然後 乃擧帆 倭僧常傳伊勢之熱田 紀伊之熊野 與富士爲三神山 或稱近江州太湖水 一日自開 而駿州富士山 一日自出湖之沙土上而爲山 故四方之遊觀富士者 必齋滿一旬 乃無災殃 近江之人 雖齋一日 保 無失足墮死之患 倭奴之好怪說 如此)

伊豆(豆州) 下 管三郡(田方 那賀 賀茂) 此外大島蛭島 東西一日餘程 畠多而田少 山高海莊 鹽魚類 多辨貢 大中國也 (內府家康及其子江戶中納言者 食之)

甲斐(甲州) 上 管四郡(山梨 山代府 八代城 巨麻) 南北二日餘程 田淺畠深 四方寒無陽氣 草木滋牛馬野 中中國也 (淺野彈正及其子左京大夫 食之)

相模(相州) 上 管九郡(足柄上 足柄下 大住 淘綾 愛甲 高座 鎌倉) 倭中之名府也 (地多鑄名劍人 三浦 江島) 四方三日程 地厚一丈 生產肥 山淺而無材木 只海藻與魚鱉多 中下國也 (內府家康 食之)

武藏(武州) 大 管二十一郡(久良岐 都築 多麻府 橘樹 新倉 八間 高麗 比金 橫見 崎玉 兒玉 男衾 旛羅 榛澤 那賀 賀美 足立 秩父 荏原 豐島 大里) 四方五日半程 野宏而無山 仍欠良材 田畠豐而野菜類多 大上上國也 (內府家康 食之)

安房(房州)　中　管四郡(周郡府　安房　朝夷　長俠)　南北一日半程　山河原埜田里平均　魚貝多　是以田糞用之　大中國也　(內府家康及里見氏　食之)

上總(總州)　大　管十一郡(周集　天羽　市原　海上府　畔蒜　望陸　夷隅　埴生　長柄　山邊　武射)　南北三日程　海岸弘碧藻多　絹布鐙鍬等發名　大中國也　(內府家康　食之)

下總(總州)　大　管十二郡(葛飾府　千葉　印旛　相馬　猿島(猿又作狹)　結成　豐田　迊瑳　海上　香取　埴生　岡田)　南北三日程　山海俱夥禽獸交充　雖然無食味　大中國也　(內府家康　食之)

常陸(常尋)　大　管十一郡(新治　眞壁　筑波　河內　信太　茨城府　行房　鹿島　那珂　久河　多河)　上爲遠國　四方四日程　田宅市廛逐日盛　牛馬充牧　蚕多綿饒　大大中國也　(佐竹　食之)

○東山道　八國　百三十郡

近江(江州)　大　管十三郡(滋賀(滋又作志)　栗本　野洲　蒲生　神崎　犬上　坂田　愛智　上下　淺井　伊香(香又作甲)　高島　甲賀　善積上下)　四方三日半程　山河田畠保彊潤澤　種得千倍　鄰京春氣早　日本四番國也(四番　謂上四等之內)　(京極侍從及石田治部少輔及長束大藏頭　分食之)

美濃(濃州)　上　管十八郡(石津　不破府　安八　池田　大野　本巢　席田　方縣　厚見　各務　山縣　武義　羣上　賀茂　可兒　土岐　惠那　多勢)　上爲近國　南北三日程　山原田圃多　綿豐而五穀生萬倍　大上國也　(岐阜中納言及諸小將　食之　土産　上品紙)

飛彈(飛州)　下　管四郡(大厚　益田　天野(天又作大)　荒城)　南北二日程　山深而材木多　致貢柴薪多　鹽味希　五穀不熟　國之下下國也　(金森法印及其養子出雲守　食之　法印者　僧官名　土産　黃金)

信濃(信州)　上　管十郡(水內　高井　植科　小縣　佐久　伊那　諏訪　筑麻府　安裏(又作日雲)　更級)　上爲中國　南北五日程　陰氣深　草不長　海阻而鹽味希　地深一丈　桑麻厚而帛綿多　大大下國也　(眞田氏　食之　千刻越前守　其名也　土産　名馬)

上野(野州)　大　管十四郡(碓氷　吾妻　利根　勢田(田又作多)　佐位　新田　片岡　邑樂郡馬府　甘羅(羅又作樂)　多胡　綠埜　那波　山田)　東西四日程　暖氣足　桑多而絹綿豐以蔋致貢　大大上國也　(內府家康及佐野修理大夫　食之)

下野(野州) 上 管九郡(足利 梁田 安蘇 都賀府 芳賀 寒川 鹽屋 那須 直壁) 東西三日半程 山少而野深 土厚而草木多 種生百倍 中上國也 (內府家康 食之)

陸奧(奧州) 大 管四十九郡(白川(白河關所在 關東者 白河之東也) 黑河 磐瀨 宮城府 會津 郡𪷓 小田 安積 安達 柴田 刈田 遠田 名取 信夫 菊多(又作菊田) 標葉 河會沼 行方 盤手 和賀 河內 稗繼 高野 日里(里又作利) 江差 瞻澤 長岡 登米 桃生 牡鹿 郡載 鹿角 階上 津輕 字多 伊具 本吉 石川 大治 色摩 稻我 斯波 磐前 金原 葛田(葛又作新) 伊達 杜鹿 閉伊 氣仙) 東西六十日程 昔與出羽一國 市城宮室 不可勝計 仙窟已共 鳥獸充饒 以漆備貢 大大上上國也 (中將政宗及越後納言景勝及南部松間 食之) 海中有金山 守將齋沐請其數 然後乃乘船採來 稍溢其數則歸船必敗云 地接蝦蛦 廣漠無際 盡倭國不及一州之長廣 其道路通行處 爲五十四郡 山戎自成部落 無有號令節制者 地方又過五十四郡之延袤 其人長大而身有毛 倭人稱之爲蝦蛦 自奧州之平和泉 至夷海上纔三十里(倭之里數也) 或謂蝦蛦者 卽我國野人之地 聞其地多產文魚貂皮等物 疑或可信 倭奴常言自奧州 直渡朝鮮 東北道里絶近 而北海風高 疑不敢渡云 語涉怪誕 而姑且備錄 以效傳疑之例焉

出羽(羽州) 上 管十三郡(飽海 河邊 村山 置賜 雄勝 平鹿 田河 出羽府 秋田 由理 山乏 最上 山本) 東西五十日程 暖氣早而耘厚 大上國也 (越後納言景勝及最上羽柴出羽守及秋山藤太郎等 食之)

○北陸道 七國三十七郡 其地甚寒雪深 每冬數丈

若狹(若州) 中 管三郡(遠數 大飯 三方) 南北一日半程 海近而有濕氣 魚繁利鐵多 以漆致貢 小上國也 (小將勝俊及其弟宮內少輔 食之 筑前中納言金吾之兄也 賊魁秀吉之本婦姪也)

加賀(賀州) 中 管四郡(缺) 南北二日半程 中上國也 (筑前大納言 食之 戊戌臘死 其子宰相肥前守及少子孫四郎 食之)

越前(越州) 大 官十二郡(敦賀 丹生府 今立 足羽 大野 坂井 黑田 池上 榊田 吉田 坂北 南條) 南北三日半程 山當南帶北海 五穀不熟 桑麻多(或本五穀萬倍) 大上國也 (前關白信長之子秀雄及大谷刑部少輔 食之)

越中(越州) 上 管四郡(礪波 射水 婦負 新川) 上爲中國 四方三日程 鹽藻魚繁

多 五穀器械多 以漆充貢 大大中國也 (前田肥前守及其弟孫四郎者食之)

越後(越州) 上 管七郡(頸城(又曰伊保野) 古志 三島 魚治(治又作沼) 浦原 治垂 磐船) 四方六日程 山當南帶北海 五穀不熟 桑麻多 大大上國也 (掘里氏久大郎食之 土生白細布 常於雪中練晒)

能登(能州) 中 管四郡(羽咋 能登府 鳳至 珠洲) 東西二日半程 土冷五穀遲 利鐵多鎔 大器桑多衣厚 小上國也 (前田肥前守 食之)

佐渡(佐州) 中 管三郡(羽茂 雜太府 賀茂) 又有見付島上上島 上爲遠國 四方三日半程 草木勝地 牛馬不知貴 魚鱉五穀多 中上國也 (越後納言景勝食之)

○山陰道 八國 四十七郡

丹波(丹尋) 上 管六郡(桑田府 船井 多紀 天田 氷上 何鹿) 四方二日程 王城附庸之國 穀米柴薪多 中上國也 (德善院玄以父子 食之)

丹後(丹州) 中 管五郡(伽佐 與謝 丹後 片野(片又作竹) 熊野) 南北一日半程 魚鱉 桑麻饒以精好爲國産 中上國也 (幽齋藤孝及其子長岡越中守 食之 土産 厚綿紬甚堅靭 能過十餘年云)

但馬(但州) 上 管八郡(朝來 養父 出石 氣多府 城崎 二方 七美 美含(含又作念)) 東西二日程 田厚宏 粟稗繁多 而柴木饒 中上國也 (小出太和守及新村左兵衛及別所豐後守 食之 土産 白金)

因幡(因州) 上 管七郡(法美 八上 智頭 邑美 高草 氣多 巨濃) 南北二日程 北海多山深而海藻絹布多 中中國也 (宮部兵部 食之 始路城則右衛大夫 食之 金吾之兄也)

伯耆(伯州) 上 管六郡(河村 久米 八幡 汗入 會見(見又作美) 日野) 南北二日半程 山深土厚 五穀衣帛二輪轉 中中國也 (安藝中納言輝元 食之)

出雲(雲州) 上 管五郡(意宇府 能美 島根 秋鹿 楯□) 東西二日半程 樹木爪菰相交 野菜土産鐵農器 絹布多 大上國也 (安藝中納言輝元 食之)

石見(石州) 中 管六郡(安濃 近摩 那賀 邑智 美濃 鹿足) 南北二日程 藻布鹽利多 稅貢倍他國 中下國也 (安藝中納言輝元 食之)

隱岐(隱州) 下 管四郡(知天 海部 周吉 穩地) 四方二日程 五穀乏藻蜜多 以鮑稱名 小下國也 (安藝中納言輝元 食之) (石見隱岐等一帶 近我國關東之嶺東等處云)

○山陽道 八國 七十七郡 自我國出入海路也

播摩(播州) 大 管十四郡(明石 賀古東西 賀茂 印南 餝磨 揖保東西 赤穗 佐用 完栗 神崎東西 多河 美壺 揖東 揖西) 四方三日半程 土暖不見雹霰 絹布紙帛多 衣食足 大上國也 (賊魁之諸小將 分食之)

美作(作州) 上 管七郡(英田 勝田 苫西 苫東府 久米 大庭 眞島) 東西三日餘程 四境圍 寒無風 草木衣食繁多 中上國也 (安藝中納言輝元備前中納言秀家 分食之)

備前(備州) 上 管十一郡(小島 和氣 磐梨 邑久 赤坂 上道 御野 兒島 小足 津高 釜島) 四方三日餘程 帶南海暖氣 草木五穀先秋 致貢早 利刀銳戟帛多 中上國也 (備前中納言秀家 食之 賊魁之養女婿 督戰於閑山者也)

備中(備州) 上 管十一郡(都宇 窪屋 賀屋府 下道 淺口 小田東西 後日 喆多英 □上下 三郎島 寄島) 東西三日半程 利刀耘梨 多五穀 藻布滿而日飽美食 大上國也 (秀家輝元分食之)

備後(備州) 上 管十四郡(安部 深津 神石 奴可 沼隅(隅又作隈) 品治 葦田府 甲奴 三上 上谿(上又作三) 御調 惠蘇 世羅 三原(原又作芿)) 上爲中國 東西二日餘程 田畔長阡陌繁 五穀早熟 而酒醴久 中上國也 (輝元之子藝州宰相秀元 食之 賊魁之養女婿)

安藝(藝州) 上 管八郡(沼田 高田 農田 沙田 賀茂 佐伯 安藝府 高宮嚴島) 郡外也 南北二日半程 山深而材木多 海近而鹽苔饒 五穀不秀大下國也 (輝元 食之 今之廣島 在安藝之內)

周防(防州) 上 管六部(大島 玖賀 熊手(手又作毛) 都濃 佐波府 吉敷) 東西三日程 草螢鱗甲之類多 土産十倍他國 以鯖施名也 中上國也 (輝元 食之)

長門(長州) 中 管六郡(厚狹 豐浦府 美稱 大津 河武 見島) 東西二日半程 南海北山 魚鼈充 稷穀倍他國 中中國也 (輝元 食之)

○南海道 六國 五十二郡

紀伊(紀州) 上 管七郡(伊都 那賀 名草府 海部 在田 日高 年樓(樓作婁)) 南北四日半程 三方海欠平地 五穀不熟 小下國也 (賊魁之諸小將 食之)

淡路(淡州) 下 管四郡(津名 三原 六島 繪島) 四方一日程 國之母也(倭俗傳言 倭之始祖 降於此島 故曰國之母) 號二柱衣 鹽魚不乏 良材又多 小上國也 (脇坂

中務 食之)

阿波(波州) 上 管九郡(三好 麻植 名東 名西 勝浦 那賀 板野 阿波 美馬) 四方二日程 土厚稷稻豐稔 山深魚鱗禽獸之類多 中上國也 (蜂須賀阿波守家政 食之)

讚岐(讚州) 上 管十一郡(大內 寒川 三木 三野 山田 神□(神又作刈) 阿府府 鵜足 那賀 多度 香阿) 東西三日程 山川畠均等 五穀豐 魚貝之類多 名人多出是地 大中國也 (生駒雅樂及其子讚岐守一正 分食之)

伊豫(豫州) 上 管十四郡(新居 周敷 桑村 越智 風早 野間 智器 溫泉 久米 浮穴 伊豫 喜多 宇和 宇麻) 四方二日程 原野田畑(火粟田爲畑)多 桑麻鹽草豐 大中國也 (藤堂佐渡守及加藤左馬助及小川左馬助 食之 雄死 伊豫守秀小川 代之)

土佐(土州) 中 管七郡(土佐 吾川(吾又作五) 高岡 旛多 長岡 畑島 香美) 東西二日程 土肥五穀純熟 良材多中上國之 (長曾我部土佐守盛親 食之 己亥春死 其子 代之)

○西海道 九國 百三郡

筑前(筑州) 上 管二十郡(志摩 嘉麻 夜須上下 志賀島 御笠 宗像 遠賀 席田 穗波 早良 那珂 釋迦 牟島 糟屋 怡土 席內 鞍手 殘島 下座 上座府) 南北四日程 米粟珍寶器械備 中上國也 (筑前中納言木下金吾 食之 賊魁之本婦姪也 志賀島則中川修里大夫秀成 食之)

筑後(筑州) 上 管十郡(御原 御井府 生桑(桑又作葉) 三猪 三毛 上妻 下妻 山門 山下 竹野) 南北五日程 穀與魚鱉 不可勝計 珍寶器械多 大中國也 (金吾 食之)

豐前(豐州) 上 管八郡(田河 金救 京都府 仲津 筑城 上毛 下毛 宇佐) 南北四日程 鄰唐藥種器充 以錦帛致貢 大中國也 (黑田甲斐守及毛利壹岐守 食之)

豐後(豐州) 上 管九郡(日田 球珠 直入 大野 海部 大方 速見 國崎) 四方三日程 桑麻多 衣服充 五穀唐物多 中上國也 (福原右馬助及大田飛彈守 及毛利民部大輔及中川修里大夫秀成 及早川主馬頭長政及竹中源介等 食之 右馬助 後爲僧 土削)

肥前(肥州) 上 管十二郡(基諱 養父 三根 小城府 神崎 佐賀 松浦 杵島 藤津 彼杵 葛木 高來) 南北五日程 土厚種生百倍 桑柘農衣厚魚鳥備食 中上國也 (龍藏寺爲大姓 食其土 唐舶琉球南蠻呂宋等商船 往來不絶 唐津名護屋等地 則寺擇志

摩守政成 食之 因爲水路奉行 主管我國人往來接待等事 平戶島則松浦法印 食之 楊川立橘左根者 亦食 肥前之一隅地 小而兵强云)

肥後(肥州) 大 管十四郡(玉名 山鹿 山本 菊池 阿蘇 合志 託摩 球磨 飽田府 益城 宇土 八代 天草 葦北) 四方五日程 材木柴薪饒 五穀魚鱉紙綿多 大中國也 (加藤主計清正及小西攝津守行長之 食之)

日向(向州) 中 管五郡(臼杵 兒湯府 那珂 宮崎 諸縣) 四方三日程 桑麻五穀平均 乏飢寒 中國也 (島津兵庫義弘 食之)

大隅(隅州) 中 管八郡(大隅 菱刈 桑原 贈於府 始羅(始又作姑) 肝屬(又作附) 駒路 熊尾 多稱島(島郡外也 在海中)) 東西二日程 雖爲小國 食類豐 魚鱉類多 紙帛殊饒 中上國也 (義弘 食之)

薩摩(薩州) 中 管十四郡(出水 高城 薩摩 日置 伊佐 阿多 阿邊 款娃 指宿 結黎 溪山 興小島 鹿兒島 甑島) 四方二日程 雖小國鄰唐故備器用之 雖然無桑麻之衣服 中上國也 (義弘 食之 市肆太半 唐人唐船 蠻船無日 不往來住泊)

壹岐(壹州) 下 管二郡(壹岐 石田) 四方一日程 此州與對馬曰二島 西戎來侵 故勸淸正守佐備貢 皆異珍也 (松浦法印 食之 幷食肥前之平戶島)

對馬(對州) 下 管二郡(上縣 下縣) 四方一日程 離日本也 故號爲島 有異珍之類 勸淸神隨唐 是故被置探題職 小下國也 (羽柴對馬守義智 食之)

羽柴者 秀吉之本姓也 秀吉以義智 爲入寇我國之嚮導 故賜其姓以賞其功 平調信者 義智之家老也 倭人稱柳川下野守 主一島居守之事 玄蘇者 義智之謀主僧也 倭人稱安國寺西堂(僧官名) 主我國書啓等事 其邑稱芳津 形勢雖好 而絕與倭城郭不同 居大山之下大海之口 無高城深池 可以防守 四面皆山坂岑蔚 有急則只足以竄匿而已 東距壹岐島 必待盡日風可渡 南距平戶島 稍近於壹岐 而風浪益惡 西距豐崎 陸行則二日 船則順風一日 櫓行二日 自豐崎西距我國海面 只是半日風 其山東西長而南北短 其土磽确 水田無一畝 蔬菜牟麥 盡種之沙石之上 長不滿數寸 在平時 只通我國之關市 以資生理 黑角胡椒等物 自南蠻出來 獺皮狐皮等物 在倭國無用 故此奴賤買於虜中 而貴賣於我國 若紗羅綾段闊布金銀 則其國之所重 故不得轉賣於我國 其女子多着我國衣裳 其男子幾解我國言語 稱倭國必曰日本 稱我國必曰朝鮮 未嘗專以日本自處 在平時則蒙利於我國者多 日本者少 故自將倭至卒倭 戴我國之心 勝於附日本 常以道路迂遠 風濤險惡 告

深處之倭 及秀吉幷吞六十六州 義智懼罪 遂賣我國 以媚秀吉而爲前鋒 秀吉割筑前博多地 以賞其功 馬島之將倭 始得粒食爾 前則惟食我國之賜米而已 然在倭京 猶未有家舍 擇市樓之近 其婦翁行長家者 暫時賃泊 擯不與諸將倭之例云 大槩深處之倭 銳毒有餘而不甚巧詐 於我國之事 又不知東西 交兵八年 迄不識我國邊將姓名 對馬之倭 銳毒不足而巧詐百出 於我國之事 又無不周知 自平時擇島中童子之伶俐者 以敎我國言語 又敎我國書啓簡牘之低昻曲折 雖明眼者 倉卒則不能辨其爲倭書 我國無釁 則專意內附 倭奴盛强 則賣弄我國 請爲嚮導 其凶謀詐計 不一而足 邊將之撫御 若或失道 則必復爲此奴之所誣矣

(羈縻之策 早晩施之 則依北道野人宴享之例 監兵使預其來期 聚會釜山東萊以待之可也 不必引入京城 煩費一路 使知都中虛實也 依北道野人賞賜之例 略以土産 應其方物可也 不必輪嶺南田稅 以齎盜糧也 所持來黑角 丹木胡椒硫黃狐皮獺皮等物 監兵使嚴勅釜山太守 隨其上中下折定價物 貿販於釜山以歸之 可也 不必輪致京城 勞弊人馬 許른人抑買 以結憤怨之氣也 其來貢之期 必也恒定月朔 使無無時往來之弊 來貢之船 必也預定隻數 使無連船熒惑之患 館寘之處 一切呵禁守護 使奸細之民不得告邊備虛實 使彼奴 不得城池險易 約束旣定 防禁旣明 而加之以禮貌 撫之以恩信 則此奴將悍威椒德之不暇 豈以不致京城 不賜歲米 爲怨哉 惟深處之倭 有犯順之謀 則許令無時來告 不拘貢獻之月 則此奴欲取信於我國 以賞前日賣弄之罪 計必前期來告 請爲預備矣 待倭奴莫先於待馬島 待馬島無出於此策 後之籌邊之士 備諳此奴之勢者 爲國家謀此奴 必知所擇矣)

此外 又有永良部 平戶島 五島 七島 多彌島 一艘島 甑島 八丈島 地方 或有大於壹岐對馬者

壬辰丁酉入寇諸倭將數 (見上 將數復出而在上者已詳 故刪諸此)

有曰家康者 關東大帥也 今稱內府 藤原源義定十一世孫 義定嘗任關白 其子孫世居關東 食邑連延八州 其人勇悍善戰 故擧國莫敢爭鋒 及家康之身 秀吉始代信長 以家康據城不服 秀吉親往攻之 家康以精兵萬八千人 逆戰於相模 秀吉兵敗 遂與連和 家康亦釋怨歸服 終身不失臣禮 其長子三河守智勇 勝於家康 而

家康愛其次子江戶中納言 欲以爲嗣 其少子曰壹岐守 年甫十歲云 家康之年 時六十三 土地所出二百五十萬石 而實則倍之(田籍之上 秀吉者 雖曰二百五十萬石 而其自先祖父 及其身所加開墾者 不在此數 故曰倍之云) 深沈寡言 狀貌豐厚 城府甚阻 在秀吉生時 頗得衆心 及代秀吉 始不厭倭望(秀吉則攻城破敵 敵人旣服 卽忘讎怨 城池民社 一不侵奪 或以他邑附益之 家康則暗行恩怨 一與反目則必置之死地而後已 故諸酋畏力面從 而無一人心服者云)

有曰輝元者 京西大帥也 壬辰之役 爲元帥者也 稱安藝中納言 或稱毛利中納言(安藝者 州名也 毛利者 其姓也) 始百濟亡 臨政太子乘船入倭國 爲大內左京大夫(倭人謂王爲大內 故至今周防州 有大內殿稱號) 都周防州 其子孫歷四十七世 世爲倭官 襲其土地 輝元之先 乃其從者也 臨政之裔 爲多多良氏 輝元之先 爲大江氏 後改毛利 臨政之裔旣絶 輝元之祖代襲其土 都於安藝州之廣島 物力之雄富 擬於倭京 其風俗視倭中稍厚 性頗寬緩 多有我國人氣象云 輝元之年時四十八 食邑亘京西九州 土地所出一百五十萬石 而實則過之 與秀家壓於賊魁之令 不得任便 而斬馘我國人時 稍存矜憫之意云

有曰前田肥前守者 加賀大納言之子也(前田者 其姓也) 大納言 素與家康 爵勢相等 秀吉臨死 屬秀賴於肥前曰 汝與備前中納言秀家 奉秀賴居大坂 調護諸事 汝一任之 秀吉旣死 大納言者 亦以戊戌冬死 肥前守 襲越中加賀能登三州之地 奉秀賴居大坂 勢焰不下家康(高起門樓 與大坂內城齊 潛與景勝 政宗 佐竹 秀家 淸正 越中守等 謀殺家康 共分土地 歃血同盟 盟約已定 而退歸越中 石田治部少輔者 方被謫於家康 退在其私邑近江州 知其謀 潛以書吉家康 家康以己亥九月九日 托稱朝秀賴 乘虛入據大坂城 招肥前麾下 使設其門樓 麾下皆曰 吾主在外 未敢開命 死一耳 死於違內府之令 無寧死於違吾主之命乎 家康怒益甚 秀家於肥前爲妻甥 往諭肥前麾下 使之撤去曰 爾主有言 吾任其責 家康 遂令其關東諸將 塞肥前上倭京之路 又令石田治部少輔 截守近江州要害 肥前守者亦修改城隍 爲固守之計 間日託稱田獵 領精兵數萬 出沒於越中越後等地 景勝等陰結盟援 群倭勸家康許和 家康恐其不聽 蓋其勢不戰則和 不和則戰 使和事幸而不成 則醜奴方域 將化一戰場 我國之幸 豈可勝言哉)

有曰景勝者 今稱越後納言 世據越前中後三州之地 及賊魁代信長 景勝戰敗請服 秀吉以出羽 佐渡 移授景勝 而奪越後之地與掘里久大郞 景勝心不能平 越後

之民 亦欲得景勝爲主 及家康代秀吉 肥前守與家康搆隙 景勝擅歸私邑 欲與肥前守連兵 攻奪越後之地 久大郎大懼 數報家康 家康亦以根本爲憂 數移書勸令還京 景勝不從(倭人皆曰 使景勝誠與肥前守連兵 直擣家康根本 則家康欲歸救則恐淸正等一時俱起 兩京非己有 不歸救則根本先破 腹背受敵 景勝等動無不濟 而惜其鈍懦也 必不能自奮發云)

有曰政宗者 世據陸奧一州 富貴傾倭國 及秀吉代信長 政宗戰敗請服 金穀倍諸倭 而道路絶遠 北海風高 舟楫又多覆敗 故在倭京 人夫調度 牢不及輝元等 (政宗兇旱 比諸倭尤甚 殺其親兄親子 性又機巧 伏見城中無水 政宗設策激城外江水 作長機直入秀吉內城 城中男女 至今賴之云)

有曰佐竹者 世據常陸等數州 至秀吉依舊

有曰最上者 世據陸奧之一隅 至秀吉依舊

有曰筑前中納言金吾者 秀吉之本婦姪 而輝元之女壻也 秀吉嘗稱其姓曰木下 金吾亦其姓 亦曰木下 金吾與若州小將勝俊 及始路城主右衛大夫 及宮內少輔爲四昆季 而金吾居其末 少得幸於秀吉 故得邑倍諸兄 庚子年 其年甫十九 丁酉之役 爲元帥屯釜山 賊魁多以失律鐫譙(蓋其性輕佻 喜怒無常 不及其諸兄遠甚 舜首座者嘗敎金吾書 故知其爲人甚詳云) 土地所出九十九萬石)

有曰備前中納言豐秀家者 秀吉之養女壻也 初以赤松播摩守之麾下 附秀吉崛起 其先我國人也 據備前一州 備中之半美作之半 邑于備前之岡山 兵利卒銳 土沃財豐 壬辰之役 入京師南別宮 頗禁殺掠 多生擒我國年少男子以歸 (與家康積相猜怨 丁酉之後 又多顧妄 失士卒心 庚子二月 其麾下怒秀家所爲 齊佩刀鎗 突前劫秀家曰 不改所行 禍且不測 秀家倉皇不知所出 大谷刑部少輔聞之 邀秀家出 共一船下大坂 以故事皆已 首謀者數人 或自殺或逃走 其餘則置而不問 家康幸秀家有釁 不治叛者之罪 群倭以此益少家康云 土地所出六十九萬石)

有曰義弘者 稱島津兵庫頭(島津者 姓也 兵庫頭者 武庫之長也) 世據薩摩大隅日向等州 地近大唐及琉球呂宋等國 唐船蠻船 往來不絶 倭之來往天朝地方及南蠻者 路必由此 唐貨蠻貨 充牣市肆 唐人蠻人 列廛比屋 義弘武勇 又冠諸倭 倭人皆曰 使義弘居用武之地 雖幷吞日本無難 其麾下極精勇 又皆世臣 及信長之季 盡吞九州(西海一道 摠九州 壹岐對馬 不數焉) 秀吉代立 親往爭之 卒無成功 義弘自歸六州於秀吉 而只據前所有三州 (丁酉之役 其麾下鎭泗川 賊奴喧傳天兵

以戊戌春圍泗川倭陣 大爲所敗 攻堅瑕堅 此之謂也 己亥春 其家臣有受八萬石之地
者有異謀 義弘設策賜之死 其子方在日向州 年十七 修城池十二所以爲 義弘親往攻
圍 暴骨如山 僅陷三城 金吾清正等請遣援兵 則義弘辭之曰 吾褊裨叛 吾當誅夷 豈
煩人援兵哉 叛者亦廣樹賂於家康等 冀得通和免死云 義弘之精兵健卒 太半傷死於一
年之間 家康等心喜之云)

其餘諸倭將 如崛尾氏 崛里氏 筒井氏 眞田氏 增田衛門尉 石田治部 福島大
夫 田中兵部 宮部兵部 大谷刑部 龍藏寺 生田三左衛門 主計淸正 攝津守行長
淺野彈正父子 岐阜中納言 羽柴出羽守 少將勝俊 佐野修理 阿波守家政 生駒雅
樂父子 土佐守盛親父子 黑田甲斐守 藤堂佐渡守 加藤左馬助 長岡越中守等 所
食土地多 或至四五十萬石 小不下十萬石 不及十萬石者 不能爲有無云

賊魁秀吉 尾張州中村鄕人也 生於嘉靖丙申 貌寢身短 狀如猿猴 遂以爲小字
(生而右手有六指 及長曰 人皆五指 六指何用 自以刀截去之) 父家素貧賤 爲農家
傭芻草以爲生 壯歲自奮發 爲前關白信長奴隷 未有以見奇 亡走關東 居數年又
來自首 信長赦其罪 使復其舊 秀吉刻己奉公 不廢風雨晝夜 信長每令衆僕貿易
市中物 必索重價 價稍不稱 不能貿還 及使秀吉 輒以賤價市重物 旋往旋返 信
長大奇之(其實則秀吉覬信長恩遇 輒以己貨加一半 而衆僕不識也) 及信長親擊北州
之叛者 秀吉持槍突鬪 所向披靡 信長遂割播摩州始路城 以賞其功 居頃之 又陞
筑前守

初稱其姓曰木下 名藤吉(或曰藤橘) 及是改其姓曰羽柴 因稱羽柴筑前守(倭奴例
稱其始生之地村巷之名 爲其姓氏 貴則必改賤時所稱 賤則必改貴所稱) 信長末年 恣
行刑殺猜忌 諸大臣人不自保 多修城繕隍 爲自固之計(有別所小三郞者據播摩 因
播以叛 信長使往 輒殺戮 秀吉自請往諭 信長許之 秀吉僅率親兵百餘人 旣至 舍諸
城外曰 無煩汝等也 吾當獨入 其下泣請曰 單騎入城 事且不測 請從之 以共休戚 秀
吉笑曰 若較勝負則百餘殘卒 何異肉投餒虎 若不較勝負則挺身獨入 亦可無患 遂乘
單騎 辟刀槍 爲賈人之狀 以入城門 門者不禁 直至別所帳前 突前執別所手曰 主公
待公厚 公何苦而叛 今計莫如釋甲投兵 束身歸罪 則保不失富貴矣 別所曰 釁隙已深
無及矣 別所麾下請殺秀吉 別所曰 彼爲吾計耳 何可殺 護送秀吉出城門 秀吉之下謂
秀吉已死 及其出門 莫不錯愕歡迎 回報信長 信長遂令秀吉往擊別所 別所兵敗 亡走
西路) 輝元 時據山陽山陰十一州 不聽信長節度 信長又令秀吉將兵擊輝元(輝元
別將固守別城曰高松 以當秀吉兵衝 秀吉環城築土山 灌水攻城 山崙高而水盆壯 城

不浸者僅丈餘 而城守者志益固)

　適日向守明知 弑殺信長 告計者倍日至 秀吉發書 惡其聞也 手刃告者於幕下 攻城益急 佯示閑暇(有安國寺者 輝元之謀主僧也 秀吉貽書請見之 安國寺者聞命卽來 秀吉延入帳中曰 城陷在朝夕 然吾不忍數萬人命 盡爲魚肉 若城主決腹自死 吾當罷兵連和 安國寺者入告城主 城主卽乘單舸 自決於江中) 卽與輝元 釋憾修睦 而捲兵東上 日向守親率諸軍 逆戰於攝津州之山崎(在大坂伏見之間 宇治河口) 勞逸旣懸 衆寡又絶 而秀吉氣益壯 戰益力 親斬日向之頭於萬衆之中 其衆不戰自潰 秀吉擁衆入城 求信長屍所在 持其頭上山寺 齋醮三七日 時一國無主 衆情疑懼 而秀吉行之晏然 若無顧忌 諸大臣莫敢出聲 攻殺不附己者殆無虛日(紀伊之民聚衆叛 連營數十里 秀吉親往滅之 島津兵庫頭義弘 世據薩摩等三州 乘國內有變 幷呑九州一島 秀吉又往攻 之 義弘只據前所有三州 而盡獻其餘 家康據關東八州 觀望成敗 秀吉親往擊之 反爲所敗 遂與家康連和 家康亦折身事之 一依臣妾之禮 輝元聞之 亦獻備前等二州) 六十六州旣定 對馬守義智 因攝津守行長 請寇我國嚮導 行長遂以女妻義智 以義智入見秀吉 秀吉大喜 賜義智以其姓曰羽柴

(我國使臣之來 秀吉使倭僧兌長老哲長老等 爲復書 使明書動兵之狀 其下皆曰 姑以善辭復其書 而出其不意可也 秀吉曰 是何異於斷睡人之頭乎 今且直書 使彼豫爲之備 然後往決勝負可也 中朝人許宜後 漂泊薩摩州 賣藥爲生 詳書倭中陰事 以報天朝 隣居唐人 潛竊其書 告淺野彈正 彈正告秀吉 生致宜後於倭京 左右皆烹之 秀吉曰 彼是大明人 爲大明告日本事 理無不可 且出人不意 實非吾心 使大明豫爲之圖 未爲不可 況自古帝王 盡起草昧 使大明知吾素賤 亦非害事 置宜後不問 反謂告密者曰 汝亦大明人而敢訴大明人 汝乃凶人也)

　壬辰年 遣群倭入寇我國 僭謂幷呑之勢 指日可成 及行長敗於平壤 而群賊退屯嶺徼 賊魁大怒 親率群倭 以癸巳三月 下九州 築新宮於肥前之名護屋 爲久駐督戰之計 聲言俟湖嶺畢定 親渡釜山 適聞其母病死 倍道東還 當時倭將之跋扈者 已有殺金亮立烏祿之議 而不幸早歸 其謀不遂云(琉球一國 最近薩摩州 島嶼錯峙 水路甚便 秀吉欲移兵擊琉球 薩摩守義弘甚恐 重賂秀吉之寵臣石田治部少輔等 使言於秀吉曰 琉球爲國 只有兩海島如彈丸 別無珍器寶貨 不足以勞民動衆 又引琉球人 齎書載方物 以謝秀吉 秀吉乃已)

　京西諸倭 旣疲於我國 秀吉又欲疲京東諸倭 悉聚東倭士卒於山城州伏見里宇治河上 距王京十里 築新城 夷高山絶頂 占爲宮室 未幾地大震 城舍盡傾 又占

新城於舊城之東 一依前制 環外城築室 以居諸寵臣 增田衛門正 居其南 石田治
部少輔淺野彈正居其西 長束大藏頭德善院玄以等 居其北 大野修理大夫 居其東
家康輝元以下諸將倭第舍 又環其外 引江水注之城東門 深可二十餘丈 四面空地
列植松檜 不數月 成南山之薈蔚 移山塡海 走石飛木 焉成於叱咤顧眄之間 廣廈
數十間 不煩撤毀 而擔載人肩 移東就西 日常扶杖荷鍤 親自董役 雖祁寒盛暑不
避 家康等奔走服役 發聲助力 有同奴隷(秀吉斃後 嘗値伏見爲空城 隨倭僧潛入其
城中 則五步一寺 十步一閣 連延回互 迷不知路所從 雖神運鬼輪 有不可以歲月畢工
而未滿一年 板築已畢云 此奴之虐使其民 倭人之能任力役 盡可想見矣)

先是賊魁無子 養其妹之子爲己子 及賊魁自稱大閤 稱其養子曰關白 分伊勢尾
張等州以爲其采 及至壬辰年冬 秀吉之嬖妾生男子秀賴(或云大野修理大夫者 得寵
於秀吉 常出入臥內 潛通秀吉之嬖妾所生也) 秀賴旣生 關白內自疑懼 潛懷異圖
石田治部者 又從而媒孼之 秀吉使關白自決 關白乃亡走紀伊州高野山 剃髮爲僧
秀吉卽所在又賜之死(倭法負死罪者 失土爲僧則例置不問 而獨秀吉必殺關白而後已
云) 圍關白第 盡殺其從官 贐其第與加賀大納言 內難甫定 而寇我國之師又無功
家康等以再擧爲失計 石田治部者常曰 六十六州足矣 焉用窮兵於異國爲 惟淸正
獨以再擧爲便(秀吉曰 年年發兵 盡殺朝鮮人物 使朝鮮爲空地 然後移西路之人 使居
朝鮮 移東路之人 使居西路 十年之後 必有成功矣) 再擧之議遂決 令諸倭之入寇者
曰 人有兩耳 鼻則一也 宜割朝鮮人鼻 以代首馘(一卒各一升 鼻數者準 然後 可許
生擒) 諸倭依令 各割我國人鼻 沈之以鹽 送于秀吉(秀吉旣閱視之 聚埋于北郊十
里許大佛寺之傍 高作一丘陵 血肉之慘 擧此可見)

戊戌五月 諸倭等 自嶺海盡撤還 惟淸正行長義弘義智申斐守等 十餘陣 獨留
我國 賊魁盡屬其諸將而告之曰 朝鮮之事 迄未結未何也 家康等皆曰 朝鮮大國
也 衝東則守西 擊左則聚右 縱使十年爲了 事無期 賊魁泣曰 公等以我爲老矣
我之初志 以天下爲無難事 今老矣 死亡無幾矣 與朝鮮休兵議和如何 其下皆曰
幸甚 其容貌辭氣 佯慢倨肆 想見不覺痛心切骨 然講和之義 已出於未死之前矣
(性甚姦猾 專以譴浪笑敖 戲玩群下 侮弄家康等如弄嬰兒 又喜爲沽漿賣餠之狀 使家
康等作行人買食之態 一文一鐺 戲爲計較 又專以權謀術數 制馭諸將 嘗出令曰 今夜
宿于東則入昏便在西 蓋曺操疑塚之餘術也 嘗出獵 詐死良久 群從倉黃失措 其大臣
晏然不動 已知其詐也 良久陽爲復甦之態)

自戊戌三月晦得疾 自知其必死 召諸將托以後事 使家康室秀賴之母 攝其政事 待成立然後還政 使加賀大納言之子肥前守爲秀賴乳父 與備前中納言秀家 終始 奉秀賴居大坂(又多養他人女爲己女 稍有權力者 盡以婚媾籠絡 又以金銀土地重賞賜 之 以留其後恩 而絶其後望 使家康之子江戶中納言之女 爲秀賴之妻 大坂者 西京也 在攝津州 伏見者 東京也 在山城州) 大坂形勢 比伏見尤勝 故使家康 領率東諸將 居大坂 以扞西將之謀逆者 使輝元 領率西諸將居伏見 以備東將之生事者 因令撤毀大坂 廣修城池(蓋倭奴之性 囂然好生事 燕處一兩月 則必生作亂之心 故 力役不休 盡其筋力 以銷其銳毒之氣云矣)

賊魁既死 諸倭歃血同盟 期共戴幼子 故內變不作 唐賊魁遺骸於大佛寺之上 作金殿其下 極其壯麗焉(紀伊州熊野之民謀叛 家康等遣將勦滅之 蓋賊魁之餘威 猶 震乎國中 而權謀術數 有以籠絡故也 然權謀術數 豈能終制人手足 而術中之隱禍 久 必橫生云矣) 家康等令石田治部少輔 往招義弘 淸正 行長等 居數日 淸正送飛使 來告急 治部者 亦留肥前 不敢渡 家康等 欲遣復 則無肯行者 不欲遣 則恐其敗 沒 藤堂佐渡守者 獨請行 喜而許之(未幾飛報又來曰 唐兵圍泗川倭義弘陣 義弘佯 敗入城 城門不閉 唐兵闌入城中 義弘縱兵突擊 入城者無噍類云 群倭聞之 稍有生氣 倭奴喜誇張 首級虛實 未可知矣)

臣以倭奴之形勢觀之 則爲我國之計 不可不洞燭賊奴之情狀 爲操縱伸縮之宜 故於是時 備書倭奴形勢 濫盡三策 共謀賚送舌人 乘往來倭船 使之上達于疆域 之外 舌人未及發 而群倭盡撤還 戊戌年臘月望後 淸正與甲斐守先到倭京 行長 及義弘 以臘月之末 追到倭京(淸正先至 笑行長之懦怯 行長旣到 則又宣言曰 淸正 不待朝鮮王子 焚營遽退 使和議一事 敗於垂成 我與島津 領唐賈官 從容殿後來 我 爲怯乎 淸正爲怯乎 輝元等 以和事不成 歸咎於淸正 右淸正者亦以行長之貳於我國 爲咎 論議紛紜 釁隙益深) 石田治部少輔者 賊魁之甚寵臣也 食邑在近江州 膏腴 甲倭國 與增田衛門正淺野彈正德善院玄以長束大藏頭等 爲五奉行 專執國論 丁 酉役還 福原馬助者 因治部以逗遛不進 盡訴諸將 阿波守甲斐守佐渡守淸正主 馬頭長政竹中源介等 竝被謫 賊魁奪主馬頭及源介等豊後六萬石之地 以賞右馬 助 及淸正等盡撤還 因賊魁之已斃 必欲構殺右馬助而後已 治部之黨亦救右馬助 黨與益分(家康與淸正及長岡越中守 福島大夫 甲斐守 阿波守 佐渡守 淺野彈正父子 等 爲一黨 諸小將不可勝數 輝元與備前中納言 筑前中納言 石田治部 增前衛門正

常州之佐竹 奧州之政宗 及最上出羽之景勝 長束大藏 島津義弘 及行長等 爲一黨 附者益衆 晨夜聚謀 有同鬼蜮)

己亥正月十二日 家康稱賊魁遺令 送秀賴居大坂 身留伏見 變萌將作 一日屢驚 市肆半撤 至閏三月初九日 淸正等領甲兵上伏見(倭曆有閏三月故曰閏三月) 欲攻治部 輝元之謀主僧安國寺者說輝元曰 關白攝政 但一人耳 人臣之富貴 莫踰於公 戰欲何爲 輝元心然之 遂令安國寺往說家康 家康許之 長束大藏者 治部之婚家也 亦說治部 使往謝家康 輝元等遂推家康爲盟主 使入居伏見城 以治部權首也 質其子于家康 家康黜治部于其食邑 以右馬助禍之也 奪其土地 還付主馬頭等 右馬助者 剃頭髮爲僧 更名曰綠雲 創山寺居之 蓋其氣象酷似春秋戰國之世(治部者 禮部也 少輔者 員外郞也)

淸正者 性本凶鷙 故勸家康攻治部 因欲作亂 及家康與治部釋憾 旣不得逞其禍心 多出忿言 遂畔家康 與前田肥前守(備前中納言 中將政宗 長岡越中守 黑田甲斐守 淺野彈正父子) 等刺血同盟 期共滅家康而分其地(不參其謀者 惟輝元 金吾等五六人 盟約已定 而地醜德齊 莫相統屬 肥前守 淸正等 太半告歸私邑) 己亥九月九日 家康朝秀賴於大坂 肥前之黨豫知之 將伏道左以邀之 土肩勘兵者 請身刺家康 石田治部者 旣與淸正等有隙 又欲求媚於家康 潛以書告家康 家康以問彈正 彈正固諱之(初秀吉之養子關白爲秀吉所殺 彈正以關白之黨 被逮將死 家康力救得免 故家康以心腹待彈正 及是首問彈正 彈正已與肥前有盟 故匿不以告) 次問衛門正 答曰吾亦聞之(餘在肥前守下) 家康大怒 使彈正自決 彈正曰 秀賴雖小主也 秀賴賜吾死 吾當聞命 內府雖大班也 內府賜我死 我不可從 家康遂逐彈正 使歸其邑甲斐州 家康又以秀吉之遺命 欲室秀賴之母 秀賴之母 方與大野修理等 通有身 故辭不從 家康益怒 執修理竄于關東 又賜死於道中 執土肩勘兵 又竄于關東 使其關東諸將 領兵甲守肥前上來之路 身居大坂 以鎭危疑(使其長子三河守少子壹岐守 留守伏見城中 中子江戶中納言守關東根本) 急招歸郡諸倭將 以觀其去就 附家康者欲求媚 竹家康者欲自明 一時進道 惟淸正聞命退伏 越三月乃上來 越中守者 繕丹後私城曰 守此足矣 焉用內府爲 當是時也 輝元若搖一足則勝敗立決 而二酋旣睦 諸倭莫敢動 因使備前中納言 筑前中納言往鎭伏見 備前者辭曰 大閤遺命肥前守及我二人 共戴秀賴守大坂 言猶在耳 未敢聞命 家康固拒不聽 秀家不得已移駐伏見(始秀吉賜諸倭第舍於王京伏見大坂三處 使隨身往來居之) 及家

康居大坂 諸倭一時下去 伏見一空矣)

家康私邑在關東(自關東至倭京 遠地則不下二十日程 近地須費十五日) 輝元私邑在山陽山陰(自山陽山陰至倭京 遠地則不下十五日程 近地須費七八日) 倭人皆曰 自關東至倭京 家康可以米斛作陸橋 自山陽山陰至倭京 輝元可以銀錢作海橋 古之所謂燕趙之收藏 韓魏之經營 不能遠過 其餘諸倭 視兩倭萬萬不敵 而次次推之槩可想見(一千石之地 養精卒五十人 一萬石之地 養精卒五百人 甲兵之數 據穀數可知) 家康 輝元 景勝 佐竹 政宗 最上 義弘 龍藏寺 生田 幅尾 幅里 筒井 眞田 土佐之盛親 讚岐之雅樂 則土地皆世襲 部曲皆世臣 主將戰敗自裁 其下盡自引決 五百義士之死田橫 特一等閑事(古之所謂桓文之節制 齊楚之技擊 無以踰此) 其餘諸倭 皆以傭奴下賤 因秀吉崛起 以膂力勇悍 自致富貴 土地皆新得 部曲皆烏合 雖大如秀家 金吾 勇如淸正 長岡 主將戰敗自裁 則其下或散或降云 嘗問倭將倭卒曰 好生而惡死 人物同此心 而日本之人 獨樂死惡生何也 皆曰 日本將官推民利柄 一毛一髮 不屬於民 故不寄口於將官之家 則衣食無從出 已寄口於將官之家 則此身非我身 一名膽海則到處不見容 佩刀不精則人類不見齒 刀槍之痕在面前 則指爲勇夫而得重祿 在耳後則指爲善走而見擯斥 故與其無衣食而死 不若赴敵而爭死 力戰實爲身謀 非爲主計也 蓋其蛇虺之毒 虎狼之貪 阻兵安忍 囂然好戰之心 不惟得之天性 慣於耳目 而其法令又從以束縛之 賞罰又從以驅使之 故其將太半奴材 而皆能得人死力 其卒太半脆弱 而皆能向敵爭死 滿萬不能敵者 此奴之謂也 而況於數十餘萬乎

天下之禍 例生於所忽 我國之防備野人 設南北二兵使 皆以二品重秩 設西北二評事 皆以名望文官 至湖嶺邊將則循例而已 二品重秩 名望文官 無補於防禦 而其輕南重北 則擧此可知 竊嘗以爲百萬野人 不敵十萬倭卒 而國家之輕南重北 未知其故 謀之於心 詢之於倭 則數百年前倭國法令 槩與天朝及我國無異 貴家之有私奴 凡民之有私田 守宰之更遞 科目之取材 大略相同 蓋數千里一樂國也 而自關東將軍賴朝爭戰以來 遂成一戰國 其所謂砲手者 在前無之 只以槍劍爲長技而已 退計五十年前 南蠻船一艘漂到倭中 滿載砲矢及火藥等物 倭人從此學放砲 倭性伶俐善學 四五十年之間 妙手遍一國 今之倭奴 非古之倭奴也 而我國之防禦 又非古之防禦也 則疆域之憂 不可不百倍於前日

伏願繼今以往 痛革輕南重北之弊 一以結人心 壯邊維擇邊將 修城隍 理舟楫

謹烽火 訓軍卒修器械爲務 不勝幸甚 大槩禦戎 與救荒一樣 救荒只有兩說 一是
感召和氣 以致豐穰 其次只有儲蓄之計 若待他飢餓時理會 更有何策 禦戎亦有
兩說 一是春秋有道守在西夷 其次只有壯邊之計 若待他衝突後理會 更有何謀
小臣自來倭京 欲得倭中虛實 間日與倭僧相接 其中解文字識事理者 不無其人
有醫師意安理安者 數來見小臣於琅璫中 又有妙壽院僧舜首坐者 京極黃門定家
之孫 而但馬守赤松左兵廣通之師也 頗聰明解古文 於書無不通 性又剛峭 於倭
無所容 內府家康聞其才賢 築室於倭京 歲給米二千石 舜首座者捨室不居 辭粟
不受 獨與若州小將勝俊左兵廣通遊(廣通者 其國桓武天皇之九世孫也 篤好六經 雖
風雨馬上 未嘗釋卷 而其性鈍魯 舍其諺譯則不能讀一行云)

舜首座者嘗曰 日本生民之憔悴 未有甚於此時 朝鮮若能共唐兵 弔民伐罪 先
令降倭及舌人 以倭諺揭榜知委 以示救民水火之意 師行所過 秋毫不犯 則雖至
白河關可也 若以倭人之殺掠朝鮮人物 換手於此 則雖對馬不濟矣(又問臣以我國
科擧節次及春秋釋奠 經筵朝著等節目 臣答以草茅之人 未及豫聞 但告以科擧釋奠等
大槩 僧必憮然長嘆曰 惜乎 吾不能生大唐 又不得生朝鮮 而生日本此時也 吾於辛卯
年三月下薩摩 隨海舶欲渡大唐 而患瘵疾還京 待病少愈 欲渡朝鮮 而繼有師旅 恐不
相容 故遂不敢越海 其不得觀光上國亦命也) 又曰 日本將官盡是盜賊 而惟廣通頗
有人心 日本素無喪禮 而廣通獨行三年喪 篤好唐制及朝鮮禮 於衣服飲食之節
必欲效唐與朝鮮 雖居日本 非日本人也 遂以臣事語廣通 廣通時相候問 而自以
與清正佐渡等 有隙 絶不令佐渡家知 又嘗從我國士人之在俘虜者及臣兄弟 求書
六經大文 潛以銀錢助臣等羇旅之費 以資歸路(又嘗得我國五禮儀書 郡學釋菜儀目
於其但馬私邑 督立孔子廟 又制我國祭服祭冠 間日率其下習祭儀)

至今年二月初九日 佐渡者自其私邑應家康命來伏見 大丘被攜人金景行稍解書
倭諺 臣等倩其人以倭諺書贈佐渡曰 十口空養 爾無所益 四年孤囚 我不如死 倘
不欲殺則請許出門 不許出門則生無所欲云 則倭僧慶念 力勸佐渡曰 思親懷土
彼此一樣 倘許出門 或有歸便 佐渡者卽將臣一家 出其門外 臣收合我國士人之
曾結約束者 引出篙卒之在倭家者 收前後所得銀錢 潛買一船及船糧 異國之人
獨經虎穴千里 恐有意外不測之患 遂往見舜首座及廣通 願借力出彊 則廣通求寺
澤志摩守書 以備關市之譏察 舜首座且許篙師一人 以教水路 至對馬乃許其還
臣遂率臣家屬十人 被攜士人及篙卒其妻女幷三十八人同船 四月初二日發倭京

船卒齟齬 風勢又不利 五月十九日 始到釜山 被擄人欲出來者 例以馬島爲鬼門限 故臣爲一欉開陳而曉告之 勖以歸正之義 使無以馬島爲疑阻矣(自賊中聞見錄至此 乃庚子歸國日 所對進者也)

詣承政院啓辭

庚子五月十九日　回泊釜山事聞上　命召至京　降賜酒於差備門外　問賊中事情 又此啓辭　命給馬　歸見老父　時八月初吉也

小臣發倭京日　倭僧舜首座招大丘被擄人金景行者　屬臣耳密語日　昨見筑前中納言金吾　則曰內府將以明年再擧犯朝鮮　若然則亦吾當行云　秀吉生時　家康力主寢兵　而今有是議者　必是內府與肥前備前等有隙　置之平地則恐其生變　故欲送此輩於朝鮮　以消其兵勢　今年之內　肥前之和事不成　則根本未定　朝鮮可無患　若成則動兵無疑　當在明年間　朝鮮不可不豫爲之備　子歸須不忘今日之言　朝鮮之人　無辜被秀吉兵禍　吾未嘗不氣塞　故今相告報耳　又有醫師理安　自金吾處來言　明年再擧內府將以其長子三河守爲大將云　吾不勝駭惑　停行數日　聞見於諸處則或日　今年正月中　內府責五萬石以上倭之侍子　送質于關東諸倭　或送養子　或送親弟　惟淸正越中守等　責其親母親子　內府又以正朝　將朝倭皇帝於王京　淸正等領兵甲先上伏見　欲爲迎候　內府聞之　稱疾不上來　倭人皆笑內府爲怯　若州小將勝俊　方侍秀吉本婦在王京　聞家康將至　費黃金四十餘錠　以費供饋　聞其稱疾　甚懷(缺)望云　淸正等所欲　不在朝鮮　而家康未嘗一日忘此輩　日本數百年來　四分五裂　關東爲一國　奧州爲一國　爲中國爲一國　四國爲一國　九州爲一國　信長旣立　暫時統合　其末年還復離析　秀吉旣立　亦暫統合　今其身已死　其勢又將離析　若復離析　則後必有如秀吉者更生　然後朝鮮再受兵禍矣　然世間事朝更夕變　或終始堅凝　亦未可知

家康擁廣土衆民　據兩都形勢　以號令諸倭　心服者雖少　强從者亦多　姑爲不可犯者以待之　乃貴國之得計也(嵯峨院之倭與一之辭也)　輝元之謀主僧安國寺者　例聞其國政　其左右皆我國之人　而皆不忘思漢之心　歷路密招問之　則皆曰　數十年來　保無此患　倭輩方爭棧豆　所憂者蕭墻　何暇及他國乎云云　前後所聞不同　故並爲上啓

平調信者　義智之家老也　馬島之事皆在其掌握　義智則受成而已　臣等船過馬島時義智方向倭京　調信爲義智居守　差一小船來問向邦邊去　臣等不得已以實告之

調信送船粮朶把　令舌人再三請見　臣等不得已下見之　調信曲爲恭謹　溫言順辭　令舌人傳言曰　秀吉之生於日本　天時也　上國之酷受兵禍　亦天時也　而上國每以壬辰之事　歸咎於此島　此島每欲自明　而前後差人　並不見還　故無路得達也　此島居二國之間　秀吉之侵犯上國　此島何能阻搪乎　故兵未動而豫告其期　欲上國豫爲之備也　及大衆席卷而過　則此島不得不強從也　人事有翻覆　早晚日本衰弱　而上國富強　大軍渡海東征　則此島亦不得不強從也　二百年來　竊發倭船　或自大海犯湖南　而未嘗一至嶺徼者　皆此島爲之扞蔽也　今後上國　一切不許通路　則此島雖不敢犯上國　他彼之過此島者　此島何辭以拒之　難從之請　則皆秀吉爲之　今不復有是請矣　賜米則不須更賜　而使臣亦不須高官　釜山太守差人奉禮曹公文來　則此島中被擄之人　可先討回也云云　臣等退問我國被擄人　則壬辰交兵以來　諸倭之過對馬者　例徵舍館與薪朶　雖或不求之　未嘗不備給　蕭然煩費　極生創艾之心　撤兵二年　稍爲蘇息　故千方百計　必欲求通路而後已　每於我國人過海時　例爲接待　冀得上達云　臣等又謂調信曰　俺等四年異國中　本國之事了不聞知　但聞天兵充滿八道　調信曰　此島亦聞之　禮曹書啓　未可付一行否　臣等答曰　此島若欲爲書啓　專船送之也　俺等不當持去　調信曰　極是極是云矣

倭俗每事百工　必表一人爲天下一　一經天下一之手　則雖甚麤惡　雖甚微物　必以金銀重償之　不經天下一之手　則雖甚天妙不數焉　縛木塗壁蓋屋等薄技　俱有天下一　甚至於着署表相花押　亦有天下一　一經點抹一經眄睞　輒以金銀三四十錠塞其價　有掘田織部者　每事稱天下一　栽植花竹　裝造茶屋　必以黃金百錠　要一品題　盛炭破瓢汲水木桶　若言織部稱賞　則更不論價　習俗已成　故識字者　雖或姍笑莫能禁止　織部之家富擬家康　其餘天下一皆此類

我國之人　每稱倭賊善符術　善卜筮　善觀天文　善相地理及人物　探問則其所謂符術　絶然不聞　所謂卜筮者　只以所生年月　當周易某卦　謄書一卦中卦爻象象辭以遺來問者　問者輒以金銀償卜債　問其吉凶　則答曰　盡在其中　問者唯唯而退　珍藏篋笥　不以宣泄(然唯天下一所謄書　得債甚重　其餘則所錄　雖同　所得遼絶)　相天文地理人物者　從古無傳　安國寺者稱稍解天文　然亦不過詭言以惑衆耳　醫僧意安作日影臺銅渾儀　以測天地四方之遠近　然其於觀天象驗人事則蔑如也　天朝人黃友賢等　皆以府學生員　乘海舶到倭京　自稱善相人善醫術善推步　倭遂推爲天下一　諸將倭等　日以興馬相迎　金銀錦帛　充滿貰笥　居夷十餘年　遂忘西歸　不惟其人之

無狀 而倭賊之愚惑 實有以來之也 其所所將者 無一人解文字 其使文字 酷似我
國吏讀 問字之本義 則邈然不知 武經七書 人皆印藏 而亦未有通讀半行者 雖其
人散而自鬪 足以快一時之勝 而兵家機變 則莫或與聞 玆乃俘人之所親聞見 足
以破萬古愚氓潰卒之惑 其宮室務極高爽明麗 而材木皆尖細 轉動爲便 堅緻則百
不及我國臺榭 問之則曰 兵火數起 不保朝夕 故只務高明 不務堅緻云 其後園皆
列植松竹奇花異草 無遠不致 作茶室其中 其大如舟 覆以茸茅 塗以黃土 橫門竹
扇 務極儉約 闢小穴 僅容出入 上客至則開穴延入 飮茶其中 蓋其本心 非但欲
樸素示人 而御壞立談 釁隙穴起 故屛絶群從 以防不虞云矣

其男子·必帶刀劍 旣帶刀劍 所治者惟戎力役而已 惟獨僧人不帶刀劍 或學醫術
或業商販 或推卜 或供將倭家茶室之灑掃 此輩皆有妻子 飮酒食肉 雜處市肆中
或敎授生徒 或尊誦梵唄 或誦法孔子 或放浪山野 說禍福行乞 此輩皆無妻子不
食肉 別處林藪間 倭男子十分 則削髮者居四五 厭戎事力役 欲全身遠害者盡爲
僧故也 僧之爲將倭者其官或曰寺 或曰院 或曰法印 不爲將倭者其官始曰藏師
次曰首座 次曰東堂 次曰西堂 次曰和尙 次曰長老而極焉 其僧之治佛經者 或主
南無阿彌陁佛 或主妙法蓮華經 分寺爭難 有同仇敵 治聖經者或主孔安國鄭玄箋
註 或主朱晦菴訓解 分門往復 各立黨與 其風俗好爭如此 雖僧道 亦不能免也
有照高院者大佛寺梵王 而其皇帝之叔父也 食邑一萬石 統攝六十六州 諸山緇髡
歲正月畢來獻禮 有兌長老者以文字自負 有山長老哲長老者 以能詩著名 有學校
者以論語家語 爲家康之師 其實則不分魚魯云 間有醫僧之稍解文字者 時事將倭
隨到我國者比比有之 而諸僧以僧論之(長老和尙等官 皆自倭天皇給牒云)

其風俗酷信鬼神 事神如事父母 生爲人所尊信者 死必爲人所享祀 父母死日
或不齋素 而神人之忌 切禁魚肉 自將倭及將倭之妻妾 以至庶人男女 每遇名節
及神人忌日 齊明盛服 踊門擲錢者 塡咽街路 神社宏侈 金碧照輝 有天照皇大神
宮者 其始祖女神也 有熊野山權現守神者 徐福之神也 愛宕山權現守神者 新羅
人日羅之神也 又有春日大明神八幡大菩薩大郞房小郞房等神 其麗不億 其盟約
禁戒 必引此等神 以爲誓 間有燃臂斷筋而不忍破戒者 必日畏天道畏雷霆云 其
相稱必曰樣 次曰殿 書辭必曰御 自天皇至庶人通用之 上賜下或曰貢 上臨下或
曰朝 其無等級如此 間或爭詰禮貌則却立冷笑 怡然從之 其麤豪紊亂如此

倭奴之性 好大喜功 遠國舟楫之相通 常以爲盛事 商船賈舶之來者 必指爲使

臣 在倭京 日聞倭賊盛傳南蠻使臣來到 國內喧騰以爲美談 旣聞諸我國人 則商賈十餘人 持白鸚鵡一隻來到云 遠國人來者 卒倭間或賊害 則恐絶其來路 必夷其三族 前年八月 福建路商船 來向薩摩州 水邊倭卒其船載兵甲奪其寶貨 只留其人 其人輩恚甚 遂來薩摩州 愬之於義弘部曲 義弘告家康 生致奪貨者於倭京 盡加轘掛 取其貨還之其人 天竺等國 距倭奴絶遠 而倭奴往來不絶 福建商船及南蠻琉球呂宋等商船 則義弘及龍藏寺句管 我國行船 則正成及義智句管 驢騾駝象孔雀鸚鵡之來 歲歲不絶 而家康等 例以金銀槍劍重償之 以無益換有益 故彼亦樂來 倭市中俱唐物蠻貨 若其國所産 則除金銀外 別無珍異云

自倭王京至伏見陸行三里(以下 皆以倭里數 計之 三里之遠 猶我國三十里) 自伏見至大坂 水陸皆十里 自大坂至攝津州之兵庫 水行十里 左邊淡路右邊攝津州 舟行兩陸間 自兵庫至播摩之寶津二十里 左邊淡路 右邊播摩 舟行兩陸間 自寶津至備前之牛窓十里 左邊四國 右邊備前 舟行兩陸間 自牛窓至備後之戶望二十三里 左邊四國右邊備後 舟行兩陸間 自戶望至周防之上關三十五里 左邊四國旣盡 望見九州之豐後 右邊歷安藝至周防 舟行兩陸間 海口極狹 潮水迅疾 故謂之關 自上關至長門州之下關三十五里 左邊歷豐後至豐前 右邊歷周防至長門 舟行兩陸間 海門相對 廣狹如我國錦江口 制船極難 自下關至間島二十五里 居下關博多壹岐之間 故謂之間島 右邊之陸已盡 海接嶺南之左道云而浩無津嶼 左邊依豐前筑前 行自間島直渡壹岐則四十八里 渡于肥前之唐津則二十一里 自唐津至名護屋三里 自名護屋至壹岐十五里 自壹岐至對馬之芳津四十八里(芳津或云府中) 自芳津至豐碕三十五里 自豐碕至釜浦三十八里 東南北風皆可擧帆云 自豐碕望見釜山金海熊川昌原巨濟等處 歷歷可數 機張以北 則海水浩闊 風勢稍不利 則必有失船之患 閑山以西 則水路遙遠 不可容易過涉云矣

倭國中甚多災異 白晝紅霧四塞 土雨毛雨或連日不止 倭人或以爲瑞 盛囊以佩倭僧之稍有識者獨曰 漢武帝時 土木征伐繁興 故雨毛下 日本自前右土木徭役未有甚於此時 故天雨毛 自乙未丙申以來 大震以及四五年間 間數日不止 己亥十二月二十四日 伏見火災 大田飛彈守家小西攝津守行長家增田衛門正上下二家土肩勘兵家 一時延燒 火入家康外城 北風甚急 火勢甚盛 內城上張幕席簸揚 以殺風勢 故內城得不火 庚子二月初十日 備前中納言家災 四月初二日 宮部兵部家災 豈夷德輕不能久耶 乃賊魁窮兇極惡之餘 有以致天地之乖氣故也

跋文

是書 始名巾車錄 乃先生手所題 夫巾車 固罪人之乘 而先生遂取以爲名者 何居 蓋先生執謙卑罪 罪人然也 在先生所自處 雖如此 在他人則不可 況子弟門生 可因是損貶之稱 而不思其變耶 嗚呼 我先生所遭罹 誠千古罕有之逆境 而先生所以處之 較然不失於正 觀其再墮海九日 不食三疏供九重 四年持一節 慷慨從容 至誠大義 始終烈烈凌霜雪而貫日月 質諸天地鬼神而無疑矣 漆齒殊俗 亦知慕義嘖嘖稱美之蘇卿而及其歸國也 不有逮請褒嘉之典 乃反擠陷下石焉者 曾蠻貊之不如 噫亦不仁之甚矣 當其自倭京移海窟也 感慨作一絶曰 平日讀書名義重 後來看史 是非長浮生 不是遼東鶴等 死須看海上羊 旣至海窟 有答人詩末句 亦曰 一壺椒醑慰看羊云爾 則先生旣已自見其志矣 權石洲詩 所謂爲看羊落書 繼賴雁傳者 蓋取諸蘇中郞不死之興 誦而匹美之言也 由是乃今得與諸益消詳之 改定名曰看羊錄 以標先生操執而已 至於尙節闡幽而發揮之 則秖俟有道 能言之君子云

崇禎紀元後龍集甲午歲 門人 坡平尹舜擧 識

글쓴이 강항姜沆

1567년 전라도 영광에서 태어나 1618년까지 살았다. 호는 수은睡隱, 5대조가 강희맹이다. 형조 좌랑을 지내던 1597년 휴가로 고향에 내려가 있던 중 정유재란이 일어났다. 이순신 휘하로 들어가려다가 가족들과 함께 왜적의 포로가 되어, 일본으로 끌려갔다. 대진(오쓰)에서 왜중 호인(요시히도)에게 일본의 역사, 지리 따위를 알아내어 '적중문견록'에 수록, 고국으로 보냈다. 그 뒤 복견(후시미)에서는 등원성와(후지와라 세이카)와 교류하여, 등원성와가 일본 주자학을 여는 인물이 되는 데 큰 영향을 미쳤다. 1600년에 풀려나 돌아왔다. 돌아와서는 벼슬을 받으나 사양하고는 향리에서 독서와 후학 양성에 전념하였다. 일본에 잡혀 있으면서 《강항휘초姜沆彙抄》를 썼으며, 일본에서 돌아와 그때껏 겪은 일들과 비밀 상소문, 듣고 본 것을 갈무리해 《간양록看羊錄》을 썼다. 그 밖에도 《운제록雲堤錄》《강감회요綱鑑會要》《좌씨정화左氏精華》《문선찬주文選纂註》《수은집》 들을 남겼다.

옮긴이 김찬순

북의 국문학자로, 패설집 《거문고에 귀신이 붙었다고 야단》《폭포는 돼지가 다 먹었지요》와 기행문 《표해록, 조선 선비 중국을 표류하다》《해유록, 조선 선비 일본을 만나다》를 우리 말로 옮겼다.

겨레고전문학선집 15
간양록 조선 선비 왜국 포로가 되다

2006년 9월 30일 1판 1쇄 펴냄 | 2023년 7월 21일 1판 5쇄 펴냄 | **글쓴이** 강항 | **옮긴이** 김찬순 | **편집** 김성재, 남우희, 하선영 | **교정** 신로사 | **디자인** 비마인bemine | **영업마케팅** 나길훈, 양병희, 조진향 | **영업관리** 안명선 | **새사업부** 조서연 | **경영지원실** 신종호, 임혜정, 한선희 | **제작** 심준엽 | **인쇄와 제본** (주)천일문화사 | **펴낸이** 유문숙 | **펴낸곳** (주)도서출판 보리 | **출판 등록** 1991년 8월 6일 제9-279호 | **주소** (10881)경기도 파주시 직지길 492 | **전화** (031) 955-3535 | **전송** (031) 950-9501 | **누리집** www.boribook.com | **전자 우편** bori@boribook.com

ⓒ 보리, 2006 | 이 책의 내용을 쓰고자 할 때는, 보리 출판사의 허락을 받아야 합니다. | 잘못된 책은 바꾸어 드립니다. | 값 18,000원

ISBN 89-8428-248-0 04810
      89-8428-185-9 04810(세트)

이 책의 국립중앙도서관 출판시 도서목록(CIP)은 서지유통지원시스템 홈페이지(http://seoji.nl.go.kr)과 국가자료공동목록시스템(http://www.nl.go.kr/kolisnet)에서 볼 수 있습니다. (CIP 제어 번호: CIP2006001932)

이 책은 한국문화예술위원회의 문예진흥기금 지원을 받았습니다.